역사보존의 경제학

지역사회 지도자를 위한 지침

Donovan D. Rypkema
임 종 현 옮김

NATIONAL TRUST
for HISTORIC PRESERVATION

http:/ www. preservationnation. org
http:/ www. preservationbooks. org

문 운 당

The Economics of Historic Preservation
by Donnovan D. Rypkema

차 례

저자 약력

이 책의 저자인 도노반 립케마(Donnovan D. Rypkema)는 본인이 직접 운영하는 컨설팅회사인 플레이스 이코노믹스(PlaceEconomics)와 2004년에 설립된 계열사인 국제유산전략연구소(Heritage Strategies International : HIS)의 대표이다. 역사보존에 관한 경제학 분야에서 업계 선두주자인 플레이스 이코노믹스는 일반시민들과 비영리기구(NGO)에게 근린상업지구의 재활용과 유산건조물들의 재활용에 관련한 특화된 서비스를 제공하고 있다. 저자는 미국 내 49개 주에 위치한 지역사회들, 캐나다 지역 7개 단체들과 일을 해왔다. 국제유산전략연구소(HIS)는 지난 20년간 주로 북미지역에 제공했던 서비스를 국제적으로 확장하기 위해 설립되었다.

국제적으로 일본의 사업지도자들(도심 활성화), 태국의 공무원들(역사보존의 실현), 러시아의 시민단체(개발과 관광전략의 주제)와 직접적으로 일해 왔으며, 중국의 지역공무원들을 위한 유산보존전략을 수립했다. 또한 호주, 브라질, 캐나다, 체코, 핀란드, 말레이시아, 포르투갈, 사우디아라비아, 스페인, 스위스에서 개최된 국제회의에 역사보존과 경제학적 개발에 관한 미국측 대표자격으로 참가했으며, 세계도시개발(Global Urban Development)의 책임이사회 직책을 수행하고 있다.

미국 컬럼비아 대학에서 수학한 뒤, 역사보존학으로 석사학위를 받았으며, 지역사회를 기반으로 하는 개발(Community Initiated Development), 재활용의 경제학(The Economics of Rehabilitation), 도심지 부동산개발시리즈(The Downtown Real Estate Development Series) 등을 출판하였다. 또한 미국계획학회지(The Journal of the American Planning Association), 건축기록지(Architectural Record), 상업은행 대출지(The Journal of Commercial Bank Lending), 도시필지

(Urban Land), 부동산경제(Real Estate Finance), 투자결정(Investment Decisions), 보존포럼(Preservation Forum), 과학기술 및 사회회보(The Bulletin of Science, Technology & Society) 등에 각종 저널원고와 글을 게재했다. 현재 펜실베이니아 대학교(University of Pennsylvania)에서 보존경제학에 관해 대학원 수업을 진행하고 있다.

이번에 새롭게 구성된 《**역사보존의 경제학 : 지역사회 지도자를 위한 지침**》은 2005년 미국 내셔널트러스트에서 출판되어 미국 전역의 보존운동가들에게 폭넓게 활용되고 있으며, 2006년에는 모스크바 국립유산신탁센터(National Center for Heritage Trusteeship)를 통해 러시아판 번역본이 배포되었다. 최근의 출판물은 2007년에 발간한 역사건물 재활용을 위한 실행 가능성 평가입문서(Feasibility Assessment Manual for Reusing Historic Buildings)가 있다.

한국어판 인사말

《역사보존의 경제학 : 지역사회 지도자를 위한 지침》의 한국어 번역본 출판을 기념하는 서문을 쓰게 되어 대단히 기쁘게 생각합니다. 이 책의 영문번역과 더불어 한국어판이 출판될 수 있도록 직접 출판사를 물색하는 역할을 담당해주었던 임종현 군에게도 축하의 말을 전합니다. 임종현 군은 미국 펜실베이니아대학 대학원 재학시절 제자였고, 지금은 사바나 예술대학에서 교수로 재직 중입니다. 그의 성실함과 헌신이 없었더라면, 이번 한국어판은 존재하지 않았을지도 모릅니다.

이 책의 전체 내용이 영어 이외의 언어로 출판된 것은 이번이 두 번째입니다. 2007년 러시아의 모스크바에 있는 국립유산신탁센터를 통해 러시아판 번역본이 출판되었고, 그 뒤를 이어 이번에 문운당을 통해 한국어판이 출판되었습니다. 저자로서 참으로 감사할 일이며, 유구하고 우수한 역사와 문화유산을 간직한 한국의 역사건물들 중 일부를 보존하는 일에 이 번역서가 작은 도움이 되었으면 하는 바람을 품어보는 것 자체로도 영광스러운 일이 아닐 수 없습니다.

역사보존의 경제적인 영향에 관한 본 저서에서 논의의 증거들은 주로 미국에서 발생한 사례들을 중심으로 하고 있지만, 점차 전세계적으로 이와 동일한 형태의 영향이 명백하다는 사실에 대해 공감되고 있는 추세입니다.

예를 들면, 미국에서 벌어지고 있는 역사건물 재활용의 자금 지출에 관한 논쟁은 대단히 노동집약적이며, 지역사회에 일자리를 창출하고 지역 내 소득을 늘리는데 중요한 역할을 하고 있습니다. 팔레스타인 요르단강의 서안에 위치한 헤브론 지역에서 실시된 분석에서도 "장인들을 위한 지역사회 내 양질의 일자리 창출"이라는 역사보존의 긍정적 영향이 동일하게 입증되었습니다.

일반적으로 미국 지역 내에 분포해 있는 역사지구들은 부동산 가치에 긍정적인 영향을 준다는 사실들이 논의되고 있습니다. 영국에서 실시된 분석 역시 역사적으로 오래된 가구들을 보호하는 것은 새집을 다시 짓는 것보다 (부동산) 가치 상승이 훨씬 더 큰 폭으로 이루어졌다는 사실이 입증되었습니다.

미국에서 일반 관광객들보다 유산관광을 목적으로 하는 방문객들이 경제적으로 훨씬 더 광범위한 영향을 미친다는 사실이 논의되고 있습니다. 국제적인 연구를 통해보면, 문화유산 관광은 전세계의 여행 중 37퍼센트를 차지하고 있으며, 매년 15퍼센트 비율로 증가하고 있습니다.

미국에서 관광객들이 역사유적지를 방문할 때, 이들이 소비하는 대다수의 비용은 역사유적지 자체에서 소비되는 것이 아니라, 유적지가 위치한 도시 내 호텔, 상점, 식당 등지에서 소비된다고 논의되고 있습니다. 노르웨이에서 실시된 분석 역시 미국과 일치하고 있으며, 방문객이 지역사회 내에서 소비하는 총금액의 6~10퍼센트 정도만이 유적지에서 소비되고 있다고 분석되었습니다.

따라서 본 저서인 《**역사보존의 경제학 : 지역사회 지도자를 위한 지침**》은 원래 미국의 사례를 활용하여 미국에 거주하는 청중들을 대상으로 집필된 것이지만, 세계 다른 지역의 연구를 통해서 유산보존은 중요하며, 다양한 차원에서 긍정적인 경제적 영향력이 점차 성장하고 있는 동일한 상황들이 전개되고 있다는 것을 알 수 있습니다.

개인적인 바람은 본 저서의 기본적인 논의들이 한국의 연구자들과 보존운동가들의 활동과 그럼으로써 이들이 한국에 존재하는 동일한 형태의 증거들을 발견하는 데 도움이 되었으면 하는 점입니다.

영국의 유명한 경제학자인 존 M. 케인스는 "장기적으로는 우리 모두 죽는다."고 역설한 바 있습니다. 장기적으로 볼 때 유산보존의 경제적인 영향은 유산이 지니는 교육적, 문화적, 미적, 환경적, 사회적, 역사적인 중요성보다는 덜 중요합니다. 그러나 단기적으로 볼 때 유산보존을 지지하는 사람들은 유산자원들의 운명을 결정할 만한 권력과 영향력을 가진 최종결정권자들의 논의 석상에서 경제적인 논의들을 활용해야만 합니다. 보존운동가들은 유산이 기여하는 여타 다른 사항들보다도 유산보존이 지역경제에 중요하고 긍정적인 역할을 할 수 있다는 점에 확신을 가지고서 논의에 임해야 할 것입니다.

2008년 8월
미국 워싱턴에서
도노반 립케마

감사의 글

원래 지역사회 지도자들을 위한 역사보존의 경제학에 관한 발상은 내셔널트러스트의 부회장인 피터 블링크(Perter Brink)에게서 나왔다. 그의 발상은 1994년 내셔널트러스트에 의해 출판된 "역사보존의 경제학 : 지역사회 지도자들을 위한 지침"이라는 본 저자의 저서로 세상에 등장했다.

또한 이전 출판물에서는 내셔널트러스트의 보존리더십센터 책임자인 캐시 아담스(Kathy Adams)와 포럼 및 보존서적에 대한 프로그램 관리자인 버드 우드(Byrd Wood)가 중요한 역할을 해주었다. 피터, 캐시, 버드는 여전히 내셔널트러스트에서 근무 중이며, 이번 개정판에 대해서도 다시 한번 감사의 말을 전한다. 2005년에 출판된 이 개정판은 이들의 노고, 조언, 지적을 통한 결과물이다.

하지만, 이번 개정판에 가장 큰 기여를 한 사람은 훌륭히 작업을 마무리해 준 프레마 카타리(Prema Katari)가 아닐까 싶다. 그녀는 수백 개의 새로운 인용구들, 참고문헌들을 파악하기 위해 여름 한철을 출판물, 인터넷, 수많은 보고서들, 휘갈겨 적은 노트들, 역사보존경제학을 뒷받침해 줄 새로운 증거들과 씨름해야 했다. 프레마에게 고맙다는 말을 전한다.

마지막으로, 내가 보존경제학에 관해 알고 있는 것과 상관없이, 나는 동료 전문가들, 친구들, 학생들, 특히 나의 고객들로부터 배울 수 있었다. 고객들은 부동산경제학에 관해 방문하고 이야기하기 위해 나에게 비용을 지불하지만, 사실 이들이야말로 (보존)프로젝트가 발생하게 만드는 사람들인 것이다. 나는 그들에게 알려주는 것보다 더 많은 것을 배웠다. 동료들, 친구들, 학생들, 고객들이 너무 많아서 모두를 일일이 열거할 수 없지만, 아마 그들 스스로가 누구인지 잘 알고 계시리라 믿으며, 이들이 준 가르침에 대해 감사드린다.

들어가는 글

개정판 서문

최초 출판되었던 《**역사보존의 경제학 : 지역사회 지도자를 위한 지침**》에 있던 도입부는 조지아주의 내셔널트러스트 회장인 그레그 팩스턴(Greg Paxton)의 말을 인용하는 것으로 시작했었다. 그는 다음과 같이 글을 썼다. "역사보존이 주는 경제적인 이득은 막대하다. (이에 반해) 보존이 가져올 수 있는 혜택에 관한 우리의 지식은 빈약하다." 당시에 나는 그레그의 발언이 두 가지 관점에서 옳다고 저술했다.

하지만 본 저서의 초판이 출판된지 10년의 세월이 흐르는 동안, 역사보존의 경제적 혜택에 관한 지식수준은 폭발적으로 증가했다. 미국 전역에 걸쳐 역사보존의 경제적 파급효과에 관한 연구들이 거의 20개 주에서 진행되어왔으며, 더 많은 연구들이 매년 완성되고 있다. 보다 소규모의 연구들은 도시 전역에서 이루어지고 있고, 수많은 분석들이 주택 가치에 대한 지역 내 역사지구 지정의 효과, 유적지의 경제적 효과, 보존을 기반으로 하는 도심 내 상업지구 재활성화 프로그램(downtown revitalization program)의 성공사례들을 대상으로 실시되어왔다.

▶ Denver, Colorado

교육적 원칙과 분석을 위한 강력한 방법론이 추가되면서 이런 연구들의 지적인 수준 역시 증가되어왔다. 이 같은 열성적인 학자적 접근은 럿거스 대학(Rutgers University)의 도시정책연구센터에 있는 데이비드 리스토킨(David Listokin)에 의해 주도되어 왔으며, 수많은 다른 대학에서 근무하는 연구자들에 의해 상황에 맞게 수정되고, 적용되고, 개선되었다. 또한 이런 연구는 역사보존에만 그치지 않고, 회계학, 부동산, 사회학, 지리학을 연구하는 대학원생들에 의해서도 실시되어 왔으며, 끊임없이 지식의 규모를 늘렸다.

그러나 연구는 책장 위에 쌓인 먼지로 전락할 수도 있다. 적어도 지난 세기 동안에 이룩한 연구의 상당한 양적/질적인 측면만큼이나 실천적인 보존운동가들이 연구된 정보를 활용했던 방식들도 인상적이었다. 버지니아와 북캘리포니아주 전역에 있는 보존기구들의 경제적인 파급효과에 관한 연구들은 역사보존에 주 세금혜택을 확보하는 데 도움이 되었다. 메릴랜드(Maryland)와 미주리(Missouri)의 보존운동가들은 법률제정자들을 만났을 때, 역사보존에 관한 경제적 데이터로 무장한 덕에 위험에 처했던 세금 혜택들이 부분적으로 구제받았다. 뉴욕에서는 역사보존의 경제적 파급효과에 관한 보고서가 훨씬 폭넓은 대중정책 의제인 “회의의 안건”으로 채택되는 영향력을 갖게 되었다. 인디아나(Indiana)에서는 주택가치에 관한 지역 내 역사지구들의 파급효과에 대한 분석을 통해, (역사)지구 지정이 건물가치를 떨어뜨린다는 반대론자들의 문서화되지 않는 주장과는 다르게, 일반적으로 주택가치를 향상시킨다는 사실을 비관적인 시장들과 시의회 의원들에게 확신시키기 위해 사용되었다. 보존 옹호론자들은 조직화되었고, 이런 분석들에 재정을 쏟았지만, 더욱 중요한 것은 이 같은 연구들을 효과적으로 활용했다는 점이다.

본 저서인 역사보존경제학의 개정판을 출간하는 것이 정당성을 얻게 된 것은 이런 폭발적으로 증가한 지식 때문이다. 이 책에는 150여 개에 달하는 참고자료들이 있고, 아마 이들 중 2/3가 지난 10년간 이루어져온 작업들로부터 얻은 것이다. (이전 출판에 있던) 인용문구가 (이번 개정판에서) 바뀌지 않았다면, 그것은 새로운 참고자료들이 없어서가 아니다. 오히려, 원래 사용했던 인용문구가 매우 적절하고, 의도된 핵심을 간결하게 지적하고 있기 때문이다. 몇몇 인용구들은 이제는 고인이 된 오리건주 포틀랜드(Portland)에서 역사보존 프로젝트를 추진했던 위대한 개발업자인 빌 나이토(Bill Naito)에게서 나왔다. 빌 나이토는 부동산 개발업자 중 드물게 돈도 벌면서, 동시에 역사적으로 구축된 환경을 보존하는 법을 이해했으며, 그렇기 때문에 그의 발언들은 이전 출판에서 유효했던 것처럼 현재에도 유효하다.

이 책의 전반적인 구성은 초판과 동일하게 연구, 논문, 출판물, 연설 혹은 보고서로부터 얻은 뒷받침할 만한 증거들과 더불어 역사보존의 경제적인 혜택들에 관한 일련의 논의로 구성되어있다. 우리는 최근 연구의 과정에서, 실시되었을지도 모르는 추가적인 논의들을 파악했지만, 이전 출판과 동일하게 100개의 논의를 유지하기로 결정했으며, 이 모든 논의들은 적어도 10년 전과 마찬가지로 오늘날에도 적용 가능하다.

만약 지난 10년간 진행되었던 모든 연구에 대한 학문적인 교훈을 7가지로 압축시킬 수 있다면, 다음과 같이 정리할 수 있을 것이다.

- 경제적 파급효과는 일반적으로 창출되는 일자리, 가구 수입의 증대, 다른 산업들과 (연관되어) 창출되는 수요 등 세 가지 정도로 파악된다. 경제활동에 관한 500여 개 정도의 매우 상세한 분류들은 잠재적인 지역 파급효과로서 이런 세 가지 기준들 내에서 균형을 이루어왔다. 역사건물들의 재활용(rehabilitation)에 관해서도 마찬가지이다.
- 도시의 규모와 상관없이 상업지구 활성화에서 성공을 유지하는 모든 가상의 사례들에서 역사보존(Historic Preservation)은 전략의 중요한 요소로 포함되어왔다.
- 일반관광객들에 비해 유산 방문객들은 하루에 더 많은 소비를 하고, 더 오래 머물며, 더 많은 장소들을 방문한다.
- 스마트 그로우스(Smart Growth)는 정치적이고 지역적인 범위에서 이루어지는 지원과 함께, 광범위한 기반의 시민운동이 되어왔다. 하지만 역사보존과 상업지구 재활성화가 접근의 주요 요소에서 배제된 스마트 그로우스 운동은 어리석은(stupid) 성장 및 기간이라는 결과를 낳는다.
- 메인 스트리트(Main Street)로 알려진 보존을 기반으로 하는 상업지구의 재활성화 연구방법은 어떤 다른 종류, 장소, 수준의 경제적인 발전형태보다도 희소한 대중적인 자원들을 원활하게 이끌어 낼 수 있고, 지출대비 효과가 있다.
- 지역 내 역사지구들로 인해 건물의 가치가 하락했다는 신뢰한 만한 증거는 어디에도 없다. 헤아릴 수 없이 많은 경우에서 지역 내 역사지구로 선정될 주택들은 나머지 지역 시장들보다 더 나은 평가수준을 체험하고, 유사한 조건의 비지정된 이웃지역사회보다 더 높게 평가받는다. 일반적으로, 최악의 경우는 지역 역사지구 내에 있는 주택들의 가치가 전체적으로 지역시장과 더불어 동등한 평가를 받는 경우이다.

장기적으로 볼 때 보존의 경제적 파급효과는 보존의 교육적, 환경적, 문화적, 미적, 역사적, 사회적인 영향들보다 훨씬 덜 중요하며, 역사보존의 이런 모든 다른 가치들이 경제적인 가치보다 더 중요하다. 하지만 위대한 경제학자인 존 마이나드 케인즈(John Maynard Keynes)[1]가 언급했듯이, "장기적으로 우리 모두는 죽는다." 단기적으로 볼 때, 보존의 경제적 파급효과는 보존운동가들이 잘 활용하기 위해 배워왔던 수단 중 하나인 것이다.

초판 서문 (1st Edition, 1994)

일전에 조지아(Georgia) 역사보존 트러스트의 이사장인 그레그 팩스턴(Greg Paxton)은 다음과 같이 글을 썼다. "역사보존이 주는 경제적인 이득은 막대하다. (이에 반해) 보존이 가져올 수 있는 혜택에 관한 우리의 지식은 빈약하다." 그의 발언은 두 가지 점에서 옳다.

보존운동가들이 경제학에 관한 이야기를 하는 것이 샐러드 포크로 디저트를 먹는 것처럼 사람들의 눈에 이상하게 비친 것은 그리 오래 전 이야기가 아니다. 또한 (경제학을 논하는 보존운동가들에 관한) 이런 식의 비판은 사려 깊은 집단에서 행해지지 못했다. 내가 생각하기에는 1980대 초반 즈음 (역사보존과 경제학에 관한) 새로운 경향이 등장했다고 본다. 부동산 전문가인 리처드 로드위그(Richard Roddewig)는 최초로 (기존 보존론자의 움직임과 다른) 수정주의자 학파(Revisionist School)라는 명칭을 언급하면서, "보존운동가들은 건축유산들이 우리 문화유산의 중요한 부분이라는 점에 동의하지만, 오히려 이보다 한발 더 나아가 역사건물이 경제적인 원천이라고 하는 확신에 의해 접근해야 한다."라고 주장하였다. 나는 그가 주장한 보존에 관한 새로운 학파에 소속된 변함없는 학생의 한 명임을 행복하게 여긴다.

나의 이런 입장은 역사보존에 관한 경제관련 논쟁이 미적, 문화적, 사회적, 정치적 또는 역사적인 논의들보다 더 중요하다는 것을 제안하려는 것이 아니다. 좀더

1. 존 케인즈(1883~1946)는 「케인즈 경제학」으로 잘 알려진 영국의 경제학자로, 수많은 정부의 회계 관련 정책뿐만 아니라, 근대경제 및 정치이론에 지대한 영향을 미쳤다. (역자 주)

거시적인 관점으로 보면, 경제적인 논쟁들은 위에서 언급된 다른 논의주제들보다 덜 중요할지도 모른다. 우리들 중 소수만이 토머스 제퍼슨(Thomas Jefferson)이 몬티첼로(Monticello)에 지불했던 버지니아공화국에 매겨지는 세목이나 타오스에 위치한 푸에블로 인디언(Pueblo Indian) 마을 건설사업을 통해 창출된 일자리들이나, 혹은 크라이슬러 빌딩이 처음 지어질 당시에 관련된 이익집단으로부터 거둬들인 세금 이후, 현금통화에 대해 진심 어린 걱정을 한다. 우리는 우리 주변의 구축된 유산들의 미적인 가치 때문에, 거기에서 일하고 사는 사람들 때문에, 그리고 우리 문화의 발전과 역사유산들과의 관계 때문에 주변의 구축된 건축유산들을 소중하게 여긴다. 우리는 구축된 건축유산들이 우리로 하여금 자신을 이해할 수 있도록 도와주는 구체적이고 시각적인 효과 때문에 그것들에 가치를 부여한다.

하지만 보존운동가들은 (앞서 언급한 문제들과) 또다른 구체적인 사실들과 매일매일 부딪히게 된다.

① (건축유산들이) 박물관화된 것보다는 실제로 사용되는 역사건물들로 존재할 때 더 잘 보존될 수가 있다는 점

② 우리가 보존해야 하는 역사건물 모두를 보존할 만한 충분한 세금이 없다는 점

③ 대부분의 역사건물들은 보존운동가들의 소유가 아니라는 점들이다.

결론적으로 보존론자인 우리들은 보존운동가들의 언어로 의사소통을 하지 않는 일반 사람들에게 역사적 가치를 지닌 자산의 보존에 관해 이야기를 해야 하는 경우에 대비해야 한다. 즉, 우리는 (보존론자가 아닌) 일반사람들의 언어로 이런 경우를 풀어야 한다는 것이다. 종종 이런 상황 하에서 경제학 언어들이 그 역할을 담당한다.

역사자원의 미래를 움직이는 사람들－예를 들면, 토지소유자, 은행들, 선출된 관료들, 경제개발업자들, 사업가들, 상업적인 행정관 집단들, (도시)계획과 구역화를 담당하는 관료들, 부동산 브로커들과 납세자들에 관해 생각해 보라. 이 사람들이 (역사자원의 보존에 대해) 알고 싶어 하는 것은 무엇일까? 얼마나 많은 자금이 소요될 것인가? 얼마나 돈을 벌어들일 수 있을 것인가? 얼마나 돈을 절약할 수 있을 것인가? 등등이다. 만약 보존운동가들이 이런 질문들에 신빙성 있는 답변을 할 수 없다면 점점 더 많은 역사자원들이 사라질 것이다.

다음 주, 다음 달 혹은 내년이라는 후일을 도모할 시간이 충분히 주어진다면 우리는 보존의 문화적, 사회적 그리고 미적인 중요성을 (일반 사람들에게) 강조할 수

있는 기회를 가지게 될 수도 있다. 그러나 우리가 "**오늘 당장**" 역사건물을 보존하기를 원한다면 우리는 경제적인 논쟁들에 대해 준비하는 게 더 나을 수가 있는 것이다.

본 저서인 《**역사보존의 경제학 : 지역사회 지도자를 위한 지침**》은 두 가지 목적으로 저술되었다. 첫째로 보존운동가들의 이론적 무장이다. 보존운동가들은 ① 보존경제학 논의들이 이뤄져야 하는 상황들을 알 필요가 있고, ② 누가 매 상황에서 결정권자인지 그리고 그들의 관심사와 필요한 것들이 무엇인지, ③ 각각의 상황에 적절한 논의의 범주 및 ④ 어떤 특정한 논의주제를 지지해 줄만한 더 많은 정보가 어디에 있는지에 관해 알아야 한다.

이 책을 출판하게 된 두 번째 목적은 역사보존이 표방하는 경제적인 중요성과 기회에 관하여 결정권자들(decision makers)과 직접적으로 의사소통을 하기 위함이다. 보존운동가들은 종종 시장(mayor)이나 토지소유자 혹은 경제개발담당자들을 너무 성급하게 비난하는 경향이 있다. 우리는 서로가 "정책을 집행하는 실무자들이 어떻게 역사보존에 관한 다양한 노력들이 경제적으로 얼마나 중요한 가에 대한 이해가 없이 (　) 행동을 할 수 있는가?"라는 말을 한다. (괄호 안은 일반적으로 어리석은, 야비한, 인색한, 근시안 적인, 경우 없는 등등의 말로 채워진다.)

하지만 어디서 그들이 이런 것들에 관해 배울 수 있는 기회가 있었는가? 직업적인 보존운동가들조차도 보존의 경제학적인 영향에 관해 이해하기 시작한 것이 채 10년이 되지 않는다. 만약 최종결정권자들이 역사보존에 관한 경제학이 주는 교훈에 관하여 배울 기회가 없었다면, 그것은 우리 보존운동가들이 그들에게 가르쳐주지 않았기 때문이다. (이런 의미에서) 이 책이 그들을 위한 교육과정에 교재 중 하나가 되었으면 하는 바람이다.

나는 나의 저서가 보존경제학에 관한 강의교재 중 하나이기를 바랄 뿐 유일한 책이 되기를 바라지는 않는다. 다음 페이지에서 언급된 대로 이 책의 내용 중 다수는 내셔널트러스트의 출판물과 전문저널들, 정보책자들, 컨설턴트와 국가(state) 혹은 연방(federal)이나 시(city) 단위 정부기관, 독립적인 출판물들에서 제기된 비평적인 문제들, 자금흐름에 관한 연구 등에서 인용되었다. 여행전문가인 아더 프롬머(Arthur Frommer), 도시 내 활동가인 베르타 길키(Bertha Gilkey), 성공적인 포틀랜드 개발업자인 빌 나이토(Bill Naito), 대학교수인 데니스 게일(Dennis Gale), 경제개발 권위자인 필립 코틀러(Phillip Kotler), 시카고 부동산 전문가인 리처드 로

드위그(Richard Roddewig) 등 많은 전문가들에 의해 선별된 100개 이상의 질문들이 (이 책에서 다루는) 개별 논의주제들을 잘 설명하고 있다. 위에 언급한 사람들의 공통점은 보존경제학의 지식에 관하여 최고수준의 전문가들이라는 것이다. 보존에 대하여 우리들은 그들로부터 배울 필요가 있으며, 반면에 그러한 지식들을 최종결정권자들에게 알려줄 필요가 있다.

나의 저서 「역사보존의 경제학」에 관해 마지막으로 하고 싶은 말은 사례들을 통한 (구체적인) 경제적 결과 측정이 적절한 방법이겠지만, 이 책은 사례연구로 이루어진 저서가 아니라는 점이다. 이 책은 방법론을 이야기하지 않는다. 대신 다양한 형태의 경제적인 영향을 측정하기 위한 대안을 제시할 것이다. 어떤 경우는 전문가 수준의 지식을 요구하는 지원서 같은 양식들이 필요할지도 모르지만, 대부분의 내용들은 지역의 시민활동가들을 위한 수준의 내용들이다.

또한 이 책은 경제적 증거(자료)도 아니다. 경제적 증거들은 흔히 5만 달러를 절약한다, 14퍼센트 정도를 만든다, 혹은 25개의 직업과 10만 달러의 세제혜택을 만든다 등으로 제시된다. 하지만, 역사보존의 경제적인 영향력은 주로 지역적이다. 가령 워싱턴에 있는 어느 누구도 특정한 지역의 수치적인 데이터가 없이 어스틴(Austin, 텍사스주) 혹은 아이켄(Aiken, 사우스캐롤라이나주) 혹은 시카고(Chicago, 일리노이주)에서 발생할 수 있는 역사보존의 경제적인 영향과 (구체적인) 수치에 관한 수학적인 결론을 그려낼 수 없다. 할 수 있는 게 있다면, 필요할 경우 구체적으로 지역적인 증명을 하는 근거에 대한 기반을 확립하는 것이다. 그리고 그런 근거들 혹은 논의들은 필라델피아(Philadelphia), 프로비던스(Providence), 혹은 샌안토니오(San Antonio)에도 적용될 수 있다. 이는 역사보존경제학이 정착되었음을 의미하는 보존에 관한 경제적인 상식이며, 논리이다.

대부분의 최종결정권자들 – 공원들, 은행가들, 토지소유주들 등등 – 은 악당이라거나 무식하다거나 혹은 야비한 사람들이 아니다. 그들은 우리의 이웃이고 그들 역시 우리가 걱정하는 만큼 우리가 속한 지역사회에 관해 걱정한다. 만약에 우리가 이런 최종결정권자들과 역사보존의 경제학의 상식에 관한 의사소통을 할 수 있다면, 그들은 향후 우리를 도와 역사자원의 훼손을 감소시키는 데 일조를 할 것이다.

역자후기

역사보존은 역사적으로 더 오래된 개체들을 보호하려는 노력의 일환으로, 역사적으로 인정되는 대상의 진정성(authenticity)이 어떤 방식으로 오늘날과 타협할 것인가에 관한 문화/사회적인 소통의 과정에서 발생된 경향이라고 할 수 있습니다. 동아시아 지역에서는 그리 익숙한 개념이 아니며, 우리가 일상적으로 사용하는 "문화재" 혹은 "역사기념물" 보존의 개념보다 더 광범위한 의미로 사용됩니다. 지역적으로 볼 때, 주로 미국에서 사용하는 개념이고 넓은 의미에서 "유산의 보존(Heritage conservation)" 혹은 지엽적인 관점에서는 유럽에서 통용되는 "건축물 보존(Architectural conservation)"으로도 이해할 수 있습니다.

20세기를 강타한 경제적 근대화(modernization)와 21세기에도 여전히 문화전반에 걸쳐 진행 중인 세계화(globalization)의 물결 속에서 역사적으로 "가치 있고" 현실적으로 "사용할 만한" 도시 속 건축유산들이 개발의 논리 앞에 하나둘씩 사라지고 있습니다. 뜻있는 시민단체들과 전문가들이 주장하는 보존의 논리에도 불구하고 역사건물의 소유주에게 개발의 시대가 요구하는 합당한 법적 근거와 경제적인 보상책을 제시하지 못하면, 대부분 역사의 뒤안길로 사라져야 하는 것이 한국을 포함한 많은 아시아 국가들의 도심 내 건축유산들이 처한 현실입니다.

미국의 도심 속 역사건물의 사례들이 한국이 직면한 역사보존의 수많은 현안들에 직접적인 대안이 될 수 없다는 것은 너무나도 명백한 사실입니다. 두 나라에 구축된 도시환경의 역사, 사회, 정치 및 경제적인 배경이 다르고, 또한 문화유산이 처한 상황에 따라 시대와 소통하는 방식이 다르기 때문입니다. 하지만 전세계적으로 짧은 시기에 진행된 급속한 도시화와 기존에 구축된 역사 환경 사이에 발생하고 있는 현실적 문제들은 이제 특정한 한 지역단의 이야기가 아니며, 지금 이 순간에도 지구 촌 곳곳에서 도시 내 역사유산 보존에 관한 활발한 연구가 진행되고 있습니다.

이 책은 오랜 기간 동안 미국 내 수많은 도시의 지역 사회에서 경험했던 도시화와 역사보존 사이에서 빚어진 논쟁들과 연구결과물을 바탕으로 한 실행 가능한 지침들을 모아 만든 "현실적인" 소통의 기록입니다. 그렇기 때문에 역사보존에 관심이 있는 한국의 일반 시민들과 지도자들 뿐 만 아니라, 지역 사회의 역사보존 업무를 담당하고 있는 공무원, 역사보존을 연구하는 학계의 연구자들, 도시환경 및 역사건축물과 관련된 시민단체들에게 유용한 참고자료가 될 것입니다.

번역서가 출판되기 까지 쉽지 않은 과정이 있었음에도 인내하며, 적극적인 지원을 해 준 미국 내셔널 트러스트와 문운당 출판사 관계자 및 저자인 립케마 선생께 감사의 말을 전합니다. 더불어 턱없이 부족하고 모자란 번역글을 검토해주신 성균관대학교 건축학과 이상해 교수님과 윤인석 교수님, 수정과정에서 조언과 수고를 아끼지 않은 후배 최남섭 군과 사랑하는 아내 오민정에게도 감사의 말을 전합니다. 이 책의 유용한 정보들을 바탕으로, 더 건설적이고 현실적인 역사보존의 담론이 이루어 질 수 있었으면 하는 바람과 21세기 초입에 들어선 한국의 도시 속 역사(history), 문화(culture), 환경(environment)에 대해 다시 한번 생각해 볼 수 있는 좋은 기회가 되었으면 합니다.

2008년 8월
사바나에서
역자 씀

일러두기

메인 스트리트 (Main Street)

메인 스트리트는 1970년도에 역사보존을 위한 미국 내셔널트러스트(the National Trust for Historic Preservation)에 의해 시작된 지역사회 활성화 프로그램 명칭이다. 메인 스트리트 철학의 핵심은 역사보존과 관련한 역사건조물 환경의 보존이다. 메인 스트리트는 디자인(design), 장려(promotions), 경제적 재건(economic restructuring), 조직화(organization)를 통한 "네 가지 관점"에 기초한 활성화에 대한 전반적인 접근에 중점을 두고 있다. 메인 스트리트 프로그램은 원래 소규모, 전통적인 도심지를 목표로 했지만, 이후 수년에 걸쳐 다양한 규모의 소규모 마을들까지 운동이 확장되었으며, 현재는 일부 대규모 도시 중심에 위치한 근린주거 지구들까지 포함하고 있다.

공식 홈페이지 참고 (http://www.mainstreet.org/)

스마트 그로스 : 현명한 성장 (Smart Growth)

도시의 무분별한 확산을 막기 위해 도심 내부의 성장에 초점을 맞춘 도시계획 및 교통이론으로, 근린 주거단지 내 모든 이들에게 편리한 가로와 학교, 주택 폭넓은 선택범위와 더불어, 소규모의, 대중교통 지향적인, 걸을 만한, 자전거 친화적인 대지의 사용을 지지하는 경향을 말한다. '현명한 성장'의 가치는 장기적으로 단기에 걸친 지속 가능한 지역적 고려사항들에 가치를 두는 것으로, 그 목표들은 지역사회 및 주거 장소의 독창성 확보, 교통, 고용, 주거의 선택범위 확대, 개발비용과 혜택의 공평한 분배, 자연적·문화적인 자원 향상 및 공공의 건강을 증진시키는 데 있다.

공식 홈페이지 참고 (http://www.smartgrowth.org/)

국가등록 역사장소 (National Register of Historic Places)

국가등록 역사장소는 미국 정부에서 공인한 역사적인 가치가 있는 지구, 유적지, 건물, 구조물, 대상물들의 목록이다. 1966년에 국가역사보존법(National Historic Preservation Act : NHPA)이 통과됨으로써 국가 등록제도 및 역사자산들을 목록에 추가하는 과정이 정착되었다. 국가등록제도에 등록된 100만 개 이상의 역사자산들 중 8만 개는 개별적으로 등록된다. 나머지 장소들은 역사지구들 내에 있는 역사환경 조성에 기여하는 자산들이다. 매년 대략 3만 개의 역사관련 자산들이 역사지구들의 일부로 혹은 개별 등록된 역사자산들을 통해 추가된다.

공식 홈페이지 참고 (http://www.nps.gov/history/nr/)

미국 역사 건조물 (National Historic Landmark : NHL)

미국 역사건조물은 대부분 미국 내에 존재하면서, 미국 정부에 의해 역사적인 중요성이 공식적으로 인정된 건물, 지구, 유적지, 구조물, 혹은 대상물이다. 다음 기준에 부합하는 건조물들은 미국 내무부(The Secretary of Interior Department)에 의해 지정을 받는다. ① 유명한 인물들이 살거나 일했던 장소들 ② 국가 이미지를 조성하는 이념들의 상징물(icons) ③ 디자인 혹은 건축적으로 뛰어난 사례들 ④ 삶의 방식을 특징져주는 장소들 ⑤ 정보를 제공해 줄 수 있는 고고학 유적지

공식 홈페이지 참고 (http://www.nps.gov/history/nhl/)

유산 전략 연구소 (Heritage Strategies International)

본 저서의 저자인 도노반 립케마(Donovan D. Rypkema)가 대표로 있는 회사로, 다음과 같은 5가지 주제로 미국을 비롯한 전세계를 대상으로 보존경제학과 관련한 서비스를 제공하고 있다. ① 유산보존의 경제학과 관련한 워크숍과 교육과정 ② 경제적으로 가능한 유산건물들의 재활용에 관한 기술적인 조언 ③ 상업역사지구들을 위한 유산을 기반으로 하는 경제개발에 관한 기술적인 조언 ④ 유산보존의 경제적 파급효과를 측정하는 기술적인 조언 ⑤ 유산자원에 대한 개인 영역의 투자를 유치하기 위한 전략 및 각종 혜택들의 인식과 실행에 관한 정책적인 조언

공식 홈페이지 참고 (http://www.hs-intl.com/)

제 1 장

경제학과 역사보존? 실 없는 소리를 하는 당신은 누구인가?

Economics and Historic Preservation? Who Are You Trying to Kid?

경제학(Economics) : 부의 생산, 분배, 소비와 더불어 노동, 재화, 세금 등을 다루는 학문.

경제(Economy) : 부와 자원 등의 신중하고 세심한 관리. 검소한 사용 및 절약을 통해 낭비를 피함.

경제적으로 사용하다(Economize) : 근검 절약을 실천하여 관리하고 사

▶ San Antonio, Texas

용하는 것. 낭비나 불필요한 소비를 피하는 것. 지출을 줄이는 것.

내가 가지고 있는 웹스터 영어사전(Webster English Dictionary)에는 역사보존에 관한 정의가 없다. 그래서 나는 위에서 언급한 개념들을 사용해서 아래와 같이 역사보존에 대한 정의를 내려 보고자 한다.

역사보존(Historic Preservation) : 지역사회가 소유한 역사자산들을 세심하게 관리하는 것. 세심한 계획과 활용을 통해 자원의 낭비를 없애는 것. 혹은 이런 자원들의 경제적인 활용. 검소한 사용 및 절약을 통한 역사자원의 관리 및 활용. 불필요한 역사자원의 낭비를 피하는 것. 역사자원의 활용을 통해 지출을 줄이는 것.

위에서 정의한 역사보존이 경제와 경제적 활용에 관한 문제의 중심에 있다는 사실은 얼마나 이상한 일인가? 많은 현실사회의 의사결정권자들의 마음속에는 역사보존과 경제는 같은 문장에서 사용될 만한 단어들이 아니기 때문이다. 그럼에도 불구하고 왜 위의 주장이 타당한가? 그것은 희소한 자원을 절약한다는 점에서 경제와 보존의 가장 기본 바탕이 되는 목적이 같기 때문이다. 왜 이 2개의 다른 개념들이 서로 공존할 수 없는 것으로 비춰지는가? 시장 혹은 시의회 의원들이 "경제가 여유로울 때는 역사건물들을 지키는 것이 좋다. 그리고 충분히 그것들에 돈을 쓸 만한 여유가 있다. 요즘과 같이 역사자원이 희소해지면 이전보다 더 재정적으로 부담을 해야 할 필요가 있지만, 유감스럽게도 그런 사치에 돈을 쓸 만한 여력이 없다"고 얼마나 자주 이야기 하는가?

선출된 관리들 모두는 하나같이 그들의 재정적 의무를 옹호하는 주장을 한다. 만약에 역사보존이 단지 사치스러운 것이라면 그것은 사실상 재정악화가 올 경우 예산에서 삭감되어야 할 항목 중에 하나가 될 것이다. 하지만 우리는 역사보존의 경제학에 관한 체계적인 안목이 갖추어질 때마다 구축된 유산을 보존하는 것은 전혀 사치스러운 것이 아니라는 사실들을 목격해 왔다.

> 가끔 불필요한 것으로 인식되는 것과 다르게 역사보존은 조지아(Georgia)주의 지역사회에서 가시적이고 측정 가능한 경제적인 발전을 보여주었다.
>
> - Report of the Joint Study Committee : Economic Development through Historic reservation, General Assembly of Geogia

▶ Charlottetown, Canada

이런 사실들이 진실로 밝혀진 곳은 조지아(Georgia)만이 아니다. 메릴랜드(Maryland)와 켄터키(Kentucky), 뉴저지(New Jersey), 뉴욕(New York), 미주리(Missouri)와 콜로라도(Colorado), 인디아나(Indiana)와 텍사스(Texas) 등에서 "역사보존에는 너무 비용이 많이 든다."라는 구호는 그것이 현실적인 평가로 대체될 때마다 역사보존운동이 일어났던 지역사회에 대단히 긍정적이고 포괄적인 경제적인 효과를 준다는 사실이 입증되었다. 단일한 재활용 프로젝트의 고용창출효과, 도심상업지역 활성화 프로그램의 비용대비 효율성, 역사지구의 안정적인 영향력이나, 또는 유산을 활용한 관광정책의 호소력 혹은 전반적인 경제발전계획에서 핵심요소로 역사보존을 포함시킨 것에 평가의 초점을 맞췄느냐 아니냐가 중요한 것은 아니다. 보존이 시도되고 (경제적으로) 평가될 때는 오직 하나의 결론이 있어왔다 : 보존은 투자한 만큼 돌려준다.

역사보존의 경제적인 분석은 여러 가지 단계로 실시될 수 있다 : ① 경제발전요소로서 역사보존 ② 대중정책요소로서 보존경제학 ③ 도심재생의 수단으로서 역사보존 ④ 주택과 근린생활요소로서 역사보존 ⑥ 관광정책으로서 역사보존 ⑦ 역사보존과 건설경제학 ⑧ 역사보존과 21세기 경제학. 이런 분류는 이 책의 3장부터 10장을 구성하고 있다. 다음 페이지부터는 보존경제학과 관련한 위에서 언급된 각 단계들과 미국 전역에서 얻어진 교훈들을 다루고 논의할 것이다. 역사보존은 오늘날의 경제환경에 대응하여 경제적으로 건전하고, 재정적으로 안정적이며, 투자한 것에 대해 효율적임을 잘 보여준다.

가장 중요한 점은 아마도 역사보존이 천편일률적 혹은 만병통치약처럼 여기저기에 꼭 들어맞는 전략이 아니라는 점이다. (대규모) 도시가 번성하기 위해서 반드시 작은 마을들이 사라질 필요는 없다. 마찬가지로 선벨트(Sunbelt)[2] 지역이 번성하기

2. 선벨트(Sun Belt)는 흔히 지리학적으로 미국 남부 또는 남서부를 동서로 뻗은 온난지대를 말하며, 애리조나, 캘리포니아, 플로리다, 네바다, 뉴멕시코, 텍사스, 조지아, 남부캐롤라이나 등이 포함된

위해서 러스트벨트(Rustbelt)[3] 지역의 개발이 영향을 받을 필요는 없는 것이다. 경제개발의 목적을 달성하기 위해 지역사회 개발목적이 희생당할 필요가 없는 것도 마찬가지의 논리이다. 다가 올 미래의 직종들을 유치하기 위해 과거의 물리적인 유산들이 파괴될 필요도 없다.

1장의 첫머리에서 경제학은 "부의 생산, 분배, 소비와 더불어 노동, 재화, 세금 등을 다루는 학문영역"이라고 정의했다. 역사보존은 이 같은 학문에서 중요한 핵심역할을 담당한다. 사실상 우리가 알 수 있듯이, 역사보존은 지역경제에 영향을 주는 광범위한 영역에 영향을 준다. 다시 말해, 역사보존은 경제논리를 방해하는 수단이 아니라 경제발전에 관한 논의의 중심에 서 있는 것이다.

일대를 말한다. 경우에 따라서 루이지애나, 미시시피, 알리바마도 포함될 수 있다. 일부 사람들은 아칸서스, 콜로라도, 북부캐롤라이나와 테네시를 선벨트에 포함시키기도 한다. (역자 주)

3. 러스트 벨트(Rust Belt)로 알려진 제조업지역은 미 북동부지역, 대서양 중부, 중서부 위 지역에 위치한 주들을 포함하여 일컫는 용어이다. 이 지역은 보스와시의 서편에서 시작하여 서쪽으로 동부 위스콘신을 통과한다. 미국 경제의 중공업 및 제조업분야에서 중요한 역할을 한다. (역자 주)

제 2 장

언제 역사보존의 경제적인 면모를 보여주어야 하는가?

So When Do I Have to Present This Economics Stuff?

상황을 이해하는 것은 전쟁에서 동맹과 같다. 상황을 평가하고 승리에 이르는 조건들을 만들어나가는 것이야 말로 우수한 지휘관의 방법인 것이다. 이런 요소들에 대한 충분한 지식을 가지고 싸우는 사람은 반드시 승리하고, 그렇지 않은 자는 반드시 패배한다.

-Sun Tzu, The Art of War

역사보존이 관련된 대부분의 상황에서 경제학적인 토론은 발표의 일부분이 될 수 있다. 때로는 공청회에서 이루어질 수도 있고, 또 어떤 때는 일대일 모임에서, 가끔은 이웃과 함께하는 저녁식탁에서도 이루어질 수 있다. 보존 활동가들이 "역사보존은 경제적인 인식을 만든다."라고 말할 기회를 갖게 되는 여러 가지 상황들이 찾아온다.

다음에 열거된 24가지의 보존에 관한 논의 주제들은 가까운 장래에 혹은 이후에 당신이 소속된 지역사회에서 발생될 수 있는 것들이다. 이 책의 11장에서는 이런 상황들의 요점을 다시 한번 살펴보고, 보존경제학적인 어떤 상황들이 발표되어야만 하는지, 각각의 경우에 핵심적인 역할을 하는 사람들이 누구인지를 인식하는 것, 간략한 발표를 하는 것과 각각의 상황에 특히 유용할지도 모르는 경제적인 토론들을 제안할 것이다.

다음에 열거된 경우의 수에 놀라지 않기를 바란다. 지역보존단체를 위한 내년도 사업계획이 반드시 수립되는 것은 아니다. 오히려 아래의 열거된 목록들은 보존활동가들이 역사보존의 경제적 중요성을 입증하는 기회를 가지게 될 경우에 관한 목록화라고 할 수 있다.

- 1. 중요한 역사건물이 철거될 위험에 처해 있는 경우
- 2. 공공단체(시, 카운티, 학군, 주)가 현존하는 건물을 활용하는 방안과 새로운 건축물을 짓는 것 사이에서 결정에 관해 논의 중인 경우
- 3. 시내 활성화 프로그램(downtown revitalization program)을 제안 중인 경우
- 4. 근린주거 활성화 프로그램(neighborhood revitalization program)을 제안 중인 경우
- 5. 역사지구 선정을 제안 중인 경우
- 6. 도심주변부를 개발하려는 움직임이 고려되고 있는 경우
- 7. 관광전략을 개발하고 있는 경우
- 8. 경제개발전략을 수립 중일 경우
- 9. 상세계획과 구역조례(zoning ordinances)가 적용되고 있거나 개선되고 있는 경우
- 10. 주택정책이 개발되고 있는 경우
- 11. 공공점유에 관한 결정(public occupancy decisions)이 진행 중일 경우
- 12. 공공자금증진(public capital improvement budget)을 위한 예산이 결정되고 있을 경우
- 13. 법인사무실의 위치에 관한 사항이 결정되고 있을 경우
- 14. 개인부동산 투자에 관한 결정이 이루어지고 있을 경우

- 15. 지역단위 보존활성화 프로그램이 적용되고 있을 경우
- 16. 주단위 보존활성화 프로그램이 적용되고 있을 경우
- 17. 보존관련 활동을 위한 지역단위 공공자금이 고려되고 있을 경우
- 18. 보존관련 활동을 위한 주단위 공공자금이 고려되고 있을 경우
- 19. 디자인 조례가 고려되고 있을 경우
- 20. 부동산소유자가 현존하는 자산에 대해 재투자를 하려고 시도하고 있는 경우
- 21. 주차장이 제안되고 있는 경우
- 22. 사업체의 채용 혹은 이전(移轉)에 관한 결정들이 이루어지고 있을 경우
- 23. 자산소유자가 현재 소유한 건물을 "현대화" 하려는 결정을 하고 있을 경우
- 24. 특별투자지구나 서비스지구의 지정이 제안되고 있을 경우

이후 언급될 8개의 장에서 100가지 논의주제를 중심으로 역사보존 경제학에 관한 상식들이 언급될 것이다. 이들 중 일부는 위에서 언급한 모든 경우에 적절할 것이고, 어떤 것들은 일부 상황에만 적절하게 적용될 수 있을 것이다. 미국의 역사건축물을 보존하기 위한 전쟁은 개별적인 작은 접전 속에서 이루어지고 있는데, 대부분 지역단위 수준에서 이루어지고 있다. 앞으로 논의될 보존경제학 관련 논의들은 이런 각 전장에 대한 무기이다.

역사보존 경제학의 세계에 온 것을 환영하며, 다음 인용된 미국에서 가장 저명한 경제학자들의 관찰담을 되새기며 역사브존을 위한 당신의 노력에 확신을 가져라.

> 보존운동은 하나의 거대한 의문점을 가지고 있다. 그것은 (보존 프로젝트 이후에) 회고되는 논쟁이나 혹은 후회가 결코 없다는 것이다. 이 세상에서 이 사실을 추구하는 자신들의 현명함에 관해 변치 않는 확신을 가진 유일한 사람들은 보존운동가들이다.
>
> -John Kenneth Galbraith[4]

4. 존 케네스 갈브라이스(1908~2006)는 영향력 있는 캐나다계 미국인 경제학자였다. 그는 케인스 경제학자이자 20세기 미국 자유주의와 진보주의를 이끌어가는 관료였다. 경제학 주제에 관한 그의 저서들은 1950~1960대에 베스트셀러가 되였다. 또한 그는 총 48권의 저서와 다양한 주제를 다룬 수많은 논문을 썼다. (역자 주)

제 3 장

경제개발 측면에서 본 역사보존
Historic Preservation as Economic Development

1. 역사보존은 고용을 창출한다.

착공식, 땅파기, 언론과의 회의, 안내책자 판매와 같은 것들은 단지 시작에 불과하다. 진정한 경제개발은 고용창출에 관한 것이고, 역사보존은 바로 고용창출을 이끌어낸다.

▶ Washington, D.C.

역사보존은 일자리를 창출한다. (조지아주는) 5년간(1992~1996) 역사건물의 재입주를 통해 7,550개의 일자리들, 2억 100만 달러의 수입 및 지역경제에 관한 경제적인 전체 파급효과로 5억 5,900만 달러를 창출했다. 그리고 이는 단순히 연방과 주정부 프로그램에 참여했던 프로젝트들에서만 비롯된 것이다.

- Profiting from the Past : The Economic Impact of Historic Preservation in Georgia

역사건물을 재활용하는 것은 … 노동비용에 있어 70퍼센트까지 지출할 수 있으며, (여기서) 노동은 대부분 지역적인 것으로, 이로 인해 지역 내에 이 수입들을 가둬 둘 수 있는 것이다. 예를 들면, 역사건물의 재입주에 지출되는 100만 달러는 동일 금액을 제조업에 사용하는 것보다 콜로라도의 경우, 12배나 많은 일자리를 창출하였고, 은행 서비스보다 9배나 많은 일자리를 창출했다.

- The Economic Benefits of Historic Preservation in Colorado

역사보존에 의해 창출된 일자리들은 건설업에만 국한되는 것이 아니며, 지역경제 전반에 광범위하게 분포되었다.

역사보존 프로그램들은 새로운 전기설비, 보급시설, 수도공급설비 혹은 하수도설비와 같은 대략 동일한 개수의 건설관련 일자리들을 창출하며, 새로운 고속도로들과 가로들의 공사보다도 약 25퍼센트 정도 더 많은 건설관련 직종들을 창출한다.

- Forum Journal, "Economic Effects of Historic Preservation in Rhode Island"

2000년에 실시된 역사보존활동들을 통해 플로리다(Florida)는 12만3천 개 이상의 일자리를 창출했다.

- Main Street News, "Historic Preservation Boosts Florida's Economy"

자금순환(dollar for dollar)을 만들어내는 역사보존은 경제개발의 가능한 대안들 가운데 최고의 고용창출효과를 지닌 것 중 하나라고 할 수 있다. 미시간(Michigan)에서 동일 금액이 투자되었다고 가정할 경우, 100만 달러 규모의 역사건물 재활용 프로젝트가 자동차 생산업보다도 12개나 더 많은 일자리를 창출한다. 웨스트버지니아(West Virginia)에서는 광산업과 대비할 때 20개, 오클라호마(Oklahoma)에서는 원전사업보다 29개, 오리건(Oregon)에서는 벌목사업보다 22개, 펜실베이니아(Pennsylvania)에서는 철강산업보다 12개, 캘리포니아(California)에서는 전기산업보다 5개, 사우스다코타(South Dakota)에서는 동일 금액의 농업보다도 17개, 그리고 남부 캘리포니아(South California)에서는 방직산업보다 8개나 더 많은 일자리를 만들어낸다.

2. 역사보존은 동일금액 투자대비를 기준으로 볼 때 신축 건설공사보다 더 많은 일자리를 창출한다.

역사보존은 노동집약적이다. 대략 계산해 볼 때, 신축공사에 소요되는 지출의 절반이 인건비로 소요되고, 그 나머지 경비의 절반이 재료비로 소요된다. 전형적인 역사건물 재활용 프로젝트에서 전체 소요경비의 60내지 70퍼센트 정도가 인건비로 쓰인다. 이것은 지역경제에 매우 실질적인 영향을 미친다. 목수들, 전기공들, 배관공들, 철제기술자들, 미장공들 같은 노동력은 거의 그 지역에서 고용된다. 대신에 이런 사람들은 (벌어들인) 수입을 지역 내에 위치한 이발소, 음식점, 자동차 딜러 등에서 소비하고, 또한 카운티 법원에 세금을 낸다. 이에 반해 신축공사에 사용되는 재료들은 흔히 다른 지역에서 구입해야 하고, 지역경제에 미치는 파급효과는 더 제한적이다.

미국 상공부(Department of Commerce)는 산업 내에서 발생하는 생산이 미치는 영향에 관해 세 가지 방법을 통해 측정하고 있다. 창출된 일자리 수, 지역 내 가계 수입의 증가분, 모든 다른 산업에 미치는 영향 등이 그것이다. 주 내부에서 발생하는 건물 재활용 프로젝트는 전술한 세 가지의 기준을 근거로 볼 때, 점점 더 신축공사를 압도한다.

> 한 연구에 따르면, 보존은 흔히 다른 투자들과 비교해 볼 때 더 우월한 경제해법이다. 예를 들면, 뉴저지(New Jersey)의 경우에 비거주용도의 역사건물 재입주에 사용된 100만 달러로 인해 국가적으로 38.3개, 주 자체적으로는 19.3개의 직업이 창출되었다. 비교해브면, 동일한 금액이 소요된 비거주용도의 신규공사는 국가적으로 36.1개, 주 자체적으로는 16.7개의 일자리로 더 낮은 창출효과를 보였다.
>
> - Forum Journal, "Economic Impacts of Preservation in New Jersey and Texas

> 재활용의 또다른 혜택은 지역경제를 위한 일자리들을 창출하는 것을 포함하고 있으며, 이는 재활용 프로젝트가 신축공사보다 더 노동집약적이고, 고도의 숙련된 기술 노동자들을 사용하고 있기 때문이며, 재활용을 위한 미국 내무부(U.S. Secretary of the Interior's Standard)의 지침에 따르는 프로젝트들에서는 역사건물의 공사를 수행하는 데 숙련된 장인들을 쓸 것을 요구하고 있기 때문이다.
>
> - Cost Engineering, "An Economic Analysis for Preserving U.S. Army Barracks Constructed between 1880 and 1940

3. 역사보존은 단순한 프로젝트의 의미를 넘어서 매우 중요한 경제적 파급효과를 가지고 있다.

역사건물을 재활용하는 것은 확실히 건설업 관련 일자리들을 만든다. 그러나 역사적인 자원을 보존하여 얻는 경제적인 이득은 해당건물들에만 국한되는 것은 아니다. 몇 년 전에 역사보존 자문의회(Advisory Council on Historic Preservation)는 이런 지역사회 혜택에 관해 다음과 같은 몇 가지 사실들을 밝혀냈다. 역사보존으로 인해 ① 새로운 사업들이 형성된 점 ② 개인투자가 촉진되었다는 점 ③ 관광이 촉진되었다는 점 ④ 토지가치가 상승되었다는 점 ⑤ 생활의 질이 향상되었다는 점 ⑥ 새로운 일자리가 창출되었다는 점 ⑦ 토지사용 패턴이 상호 유기적 연관성을 가지게 되었다는 점 ⑧ 토지와 판매에 관련된 세금이 늘었다는 점 ⑨ (지역사회의) 쇠퇴에 관한 안전장치가 마련되고 빈곤이 줄었다는 점

역사보존 자문의회가 이 같은 리스트를 준비하는 몇 년 동안에 지역경제에 대한 역사보존활동의 영향력은 수십 군데로 확산되었다.

> 수많은 역사보존 프로젝트들은 경제개발, 유산 관광, 중심지 개발, 대체교통방식을 포함하는 다양한 활동들을 자극함과 동시에 지역사회와 경제적인 발전을 창출하기 위해 역사보존을 필수적으로 활용하는 등 그 중심에 역사보존을 포함한 모든 지역사회 계획과 발전전략을 홍보하면서 혁신적인 협력관계들을 개발해 왔다.
>
> - Forum Journal, "Transforming History into Economic Development"

> 로드아일랜드(Rhode Island)에서 역사보존 프로그램에 소요되는 지출을 누적된 가치증가로 환산하면 2억3천2백만 달러의 결과를 가져왔다. "증가된 가치"란 투자로써 구매된 상품의 가치와 서비스 및 경제활동의 결과로 창출된 상품들과 서비스 가치간에 발생하는 차이를 말한다. 이것은 고용임금, 연방정부, 주정부, 지방정부의 세금 및 비고용근로자 연금, 이자수입, 순이익과 자본소비 허용 등으로 구성된다. "추가된 가치"는 "국내총생산량(GDP)"이 국가의 생산량을 산출하는 것과 동일한 관점에서 지역의 생산량을 산출한다. 전국적으로 볼 때 로드아일랜드는 역사보존에 2억4천만 달러를 지출해서 총지역생산에 3억4천2백만 달러의 부수입을 올렸다.
>
> - Forum Journal, "Economic Effects of Historic Preservation in Rhode Island"

> 복원(restoration)은 거대하고, 매력적이며, 세계적인 추세다. 왜 매력적인가? 미국의 토지업자들은 복원과 재건(reconstruction) 프로젝트들이 2000년 한 해에만 42퍼센트 증가했다고 발표했다. (문화)유산을 복원하는 것이 지역사회에 얼마나 이로운 것인지를 말해주는 이 모든 이야기들을 통해 볼 때, 독자들은 복원이 매우 매력

적인 성장산업이라는 것을 잊어서는 안된다.

-The Restoration Economy

역사보존과 관련한 상품들과 서비스들은 국민총생산량(GNP)의 1퍼센트에 가까운 400억 달러를 책임지고 있다.

-Forum Journal, "The Business of Preservation is Bullish and Diverse"

4. 역사보존은 지역에서 발생하는 노동력의 수요에 커다란 영향을 줄 뿐만 아니라, 지역의 공급업자들에게도 영향을 미친다.

지역 내 소매상과 도매상을 통한 직접적인 구매활동은 자금의 순환(dollar for dollar)과 관련하여 볼 때 신축공사보다는 건물재활용 프로젝트가 더 활발히 기여하고 있다. (문손잡이나 창유리 같은 비교적 작은 물품을 구입할 경우를 제외하고) 계약업자는 일반적으로 지역에 있는 공구상에게 신축에 주로 사용되는 철근빔처럼 큰 물품은 구매하려고 하지 않는 경향이 있다. 마찬가지로 손실된 부분을 대신 할 창문장식과 같은 것들은 지역 장식장 판매상에게서 구입하게 될 것이다. 신축건물을 위한 창문장식은 아마도 다른 지역에 위치한 공장에서 주문할 것이다. 이와 같이 지역에서 필요한 재료나 물품을 직접 구매하는 것은 건설노동자들이 받는 임금의 순환이 의외로 경제에 큰 영향을 미친다는 사실과도 맥락적인 연관성을 갖는다. 예를 들면, 캘리포니아(California)에서 건물 재활용에 투자되는 돈은 신축건물에 지출된 동일금액과 비교할 때, 도매의 경우 10퍼센트 이상 그리고 소매의 경우 43퍼센트 이상의 지역 내 수입을 증가시킬 것이다.

역사건물의 수리는 흔히 지역에서 생산되는 재료들을 사용하고, 지역 장인들을 고용하려고 노력한다. 전자는 자재들의 수송에 소비되는 에너지의 양을 감소시키고, 후자는 지속 가능한 지역경제를 활성화시킨다.

-Architectural Record, "Tapping the Synergies of Green Building and Historic Preservation

신축공사는 흔히 개발업자들이 더 큰 계약자들과 특화된 건물재료를 찾기 위해서 시 외곽으로 나가야 할 것을 요구한다. 건물재활용은 오히려 더 많은 지역 계약업자들과 건물공급자들을 필요로 한다.

-Save Our City : A Case for Boston

5. 역사보존은 대도시의 효율적인 경제개발정책이다.

대다수의 미국 대도시에서 역사보존은 전반적인 경제개발전략의 중심으로 인식되어왔다. 몇 해 전에 전세계의 경제개발전문가들에게 가장 성공적인 경제개발이 이루어지고 있는 곳을 선정하도록 요청했다. 성공적인 20개의 사례 도시들 중 무려 15개 도시가 국가적으로 상당히 많은 역사건물 재활용 프로젝트들이 활성화되었던 곳이다. 반면에 지난 20년간 도시홍보 및 유지관련 투자와 직업창출이 빈약했던 도시들 중 상당수가 역사보존에 있어서 저조한 활동내역을 보여주었다.

> 필라델피아(Philadelphia)는 일자리가 필요하다. 경제개발은 기업체의 고용 혹은 세금을 인상하는 것 혹은 산업적인 유지에 관한 것이 될 수 있지만, 결국 이 모든 것은 일자리에 관한 것이다. 밝혀진 바대로, 필라델피아에서 가장 강력한 보존의 파급효과 중 하나는 보존이 만들어내는 고용의 창출이다.
>
> - The Economic Benefits of Preserving Philadelphia's Past

> 포틀랜드(Portland)는 시내에 산재한 역사건물들을 보존하는 현명한 결정을 했다. 그러한 역사건물들은 과거에 도시를 구성했던 주요한 자산이었고, 다가올 많은 시간 동안 계속해서 (경제적인) 이득을 줄 것이다. 이런 구조물들은 특히 이들을 소유하고 있는 개발업자들에게도 소중할 뿐만 아니라, 건물에 거주하고 있는 시민들과 이 역사구조물들의 아름다움과 가치를 향유하고 있는 포틀랜드시에게도 소중하다.
>
> - Portland developer Bill Naito

> 미국 전역의 시장들과 계획가들은 도심지의 역사적인 특징을 보존하는 것이 다른 지역과 비교해서 도시의 경제적인 경쟁력에 활력소가 된다는 것을 인식하고 있다.
>
> - Save Our City : A Case for Boston

6. 역사보존은 소규모 도시(city)에서 효율적인 경제개발정책이다.

여기저기 많은 곳을 여행했던 미국인들에게 그들이 선호하는 소규모의 미국 도시들이 어디인지를 한번 물어보라. 대부분의 경우에 찰스턴(Charleston)이나 산타페(Santa Fe), 갈베스턴(Galveston) 등이 이런 질문에 대한 답변 리스트에 올라 있을 것이다. 아마 마이애미(Maimi) 해변도 포함될 지도 모르겠다. 이 도시들은 어떤 공통점을 가지고 있는가? 각 도시들은 도시 내의 특성화된 역사자산이 있으며, 이

▶ Winter Park, Florida

들을 필요한 절차에 의해서 보존하고 있으며, 또한 도시의 전반적인 경제개발전략의 핵심요소로 역사브존을 활용하고 있다. 일례로, 찰스턴은 매우 성공적인 도시 사례로 보이지만, 예전에는 그렇지 않았다.

> 미국의 내전(Civil War) 이후 경제개발과 산업혁명의 물결이 (다행히도) 찰스턴에서는 일어나지 않았다. 찰스턴은 우리 도시의 아버지들과 어머니들이 현명하게도 우리가 무엇을 가지고 있는지를 알고 있었던 금세기 초반까지는 잘 보존되고 지켜져 왔다. 찰스턴의 아름다움, 우아함, 다양성, 그리고 문화적인 질은 이곳에 살았거나 방문했던 사람들 모두를 풍요롭게 허주었다.
>
> - Charleston Mayor Joseph P. Riley, Jr.

갈베스턴(Galveston)은 경제발전의 추가적인 요소로 역사보존을 차용해 왔다.

> 갈베스턴의 태양과 바닷가들이 오랜 기간 관광객들을 매료시키는 동안, 도시의 역사적인 매력들이 지역경제에 상당히 기여했다는 사실은 분명하다.
>
> - The Economic Benefits of Preserving Community Character

모든 소규모의 도시들이 앞서 언급한 찰스턴, 산타페, 갈베스턴 혹은 마이애미 해변 같은 역사자원을 가지고 있지는 않다. 하지만 주목할 것은 포카텔로(Pocatello, 아이다호주), 파사데나(Pasadena, 캘리포니아주), 스포카네(Spokane, 워싱턴 D.C.), 라시네(Racine, 위스콘신주) 등 점점 더 많은 적절한 규모의 도시들이 역사보존을 그들의 경제발전 노력의 핵심요소로 활용하고 있다는 점이다.

▶ Brunswick, Georgia

프랭클린 거리(Franklin Street)와 리치몬드(Richmond) 전역에 위치한 건축적으로나 역사적으로 중요한 구조물들의 수리는 리치몬드를 독특한 도시로 만든 특별한 삶의 질뿐만 아니라, 도시의 경제적 번영에도 상당한 공헌을 했다.

-Historic Richmond Foundation News, "The Importance of Historic Preservation in Downtown Richmond : Franklin Street, A Case Study"

7. 역사보존은 소규모 마을(town)에서 효율적인 경제개발정책이다.

어떤 경제개발모델도 미국 내셔널트러스트의 역사보존 프로그램인 메인스트리트 운동(Main Street Approach)만큼 꾸준히 그리고 효과적으로 진행되어온 것은 없다. 그동안 수많은 역사보존 프로그램들이 주정부나 연방정부로부터 많은 지원을 받았고, 지난 50년간 진행되어왔지만, 메인스트리트 운동만큼 지역경제개발에 있어 비용대비 측면에서 효과적이고 민간이 주도한 체계적인 운동은 없다.

메인스트리트 운동이 더 큰 규모의 마을들과 비즈니스 센터가 밀집한 도시들로 확장되는 사이 현재 소규모 마을에서는 메인스트리트 운동이 퍼져나가고 있다. 1981년 이래로 50개 주의 약 1600지역사회들이 메인스트리트의 원칙을 바탕으로 하는 시내 재활성화 프로그램(downtown revitalization)을 실시해왔다. 기본이념은 역사보존을 통한 경제개발이라는 아주 단순한 논리이다.

1981년 이후로 메인스트리트 지역사회에서 발생한 공공투자와 개인투자의 총액수는 160억 달러이다. 56,000개 이상의 새로운 사업체들이 거의 227,000개의 새로운 일자리를 창출하고 있으며, 89,000개의 건물수리가 이뤄지고 있다. 지역의 메인스트리트 프로그램에 투자되는 1달러는 다른 투자와 대비해 볼 때, 거의 40달러 정도를 창출한다. 일자리 창출에 소요되는 평균비용(2,500달러)은 주정부의 다른 경제개발 프로그램이 자랑하는 것들보다 1/10 이하의 비용이 소요된다. 어떤 다른 경제개발사업들이 이 같은 투자대비 효과를 기대할 수 있는가? 주정부들이 납세자들이 내는 세금으로 5만 달러, 10만 달러 혹은 20만 달러를 지출하여 만들어낸 일자리 창출사례들과는 투자대비면에서 비할 바가 못된다.

문화 혹은 자연유산들이 점차 더 작은 규모의 지역사회에서 경제개발을 위한 기반을 만들어낸다. 많은 소규모 도시에서 경제적인 성장을 위한 가장 큰 매력은 그들의 삶의 질, 자연환경, 역사자원, 문화적인 맥락이다. (이들의) '보호'는 개발이라는 논리와 상충되거나 제한되는 것이 아니며, 오히려 경제개발의 밑바탕이 될 수 있는 것이다.

- Saving Place : A Guide and Report Card for Protecting Community Character

활성화전략들을 개발할 때, 시관리들은 프레데릭스버그(Fredericksburg)의 역사적인 특징을 강조하는 방향을 결정해야 한다…[재활용] 프로젝트들은 293개의 일시적인 건설관련 일자리를 창출할 수 있으며, 약 284개의 판매 및 제조업 관련 고용을 창출할 수 있다… 프레데릭스버그 지역정부들이 취할 수 있는 재정적인 이익은 시정부가 집행할 수 있는 33,422달러에 달하는 건물허가세(building permit fee revenues)와 지역적으로 분배되는 주판매세목 중 243,729달러가 포함된다.

- The Economics Benefits of Preserving Community Character

8. 역사보존은 시골지역(rural)의 효과적인 경제개발전략이다.

역사보존이 경제개발을 위한 효과적인 전략이 될 수 있다는 사실은 시골지역에서 조차도 입증되어왔다. 시골길을 운전하면서 수십 년 전에 매입한 160에이커[5]나 되는 공지에 서 있는 "스몰빌 카운티 공업단지(Smallville County Industrial Park)"라는 간판을 보는 것은 참으로 슬픈 일이다. ('우리가 이 빈터에 공단을 조성해 놓으면 사람들이 몰려들 것이다.'라는 어이없는 안목이니 말이다.) 하지만 30년이 지난 후에도 사람들은 오지 않았다. 그리고 15,000개 이상의 다른 지역개발단체들도 몇 백 개 이하로 신설되는 혹은 매년 이전하는 대규모의 새로운 산업시설들 중 1개 업체를 끌어들이려는 계획을 구상하고 있지만 여의치 않아 보인다. 이것은 대다수의 시골지역들이 거의 희박한 자원을 가지고 있다는 점과 다른 지역에 있는 새로운 시설들을 자기지역으로 유치할 때 소요되는 막대한 비용을 고려해 볼 때 명백해진다.

이런 시골지역들 중 상당수가 그들이 유치할 수 있다고 상상하는 산업에 반드시 필요한 주요 요소들이 빈약한데, 예를 들면 주요판매시장, 다양화된 수송시스템, 원자재에 대한 접근성, 최신기술의 전자 인프라기반 등이 그것이다. 하지만 이것들은 자산 없이는 실현 불가능하다. 시골지역에 있는 남겨진 건물들과 유산들은 경제개발의 또다른 형태의 기초요소가 될 수 있다.

5. 1에이커는 약 4,047 m^2에 해당하며, 160에이커는 647,508 m^2의 면적이다.

보존의 경제학은 도시뿐 아니라 시골지역들에도 도움을 준다. 대도시 중심부를 벗어난 외곽지역에서 경제성장이 구축되고 유지되기가 항상 용이하지는 않았다. 뭔가(외부인에게) 호소력을 지닌 전승되어 온 유산들을 적용함으로써 소규모 마을들, 소규모 도시군(群), 심지어 전체지역이 관광사업을 통한 경제개발이라는 다른 형태의 매력적인 새로운 번영을 창조해낼 수 있었다.

-Getting Started : How to Succeed in Heritage Tourism

위원회는 조지아(Georgia)주가 처한 문제점들인 시골지역의 경제개발과 자연환경, 여가생활, 역사자원들을 현명하게 사용해야 하는 등의 주정부가 지향해야 할 전반적인 경제성장정책들이 역사보존을 통해 이야기될 수 있다는 것도 알게 되었다.

-Report of the Joint Study Committee :
Economic Development through Historic Preservation

사실상 '아름다움(美)'이라는 것은 우리에게 돈을 벌게 하는 동력이며, 문화적 설비자원으로서 이런 아름다움은 공원, 해안, 산 혹은 야생생태계보다도 큰 의미가 있다. 아름다움이라는 것은 오래된 석조 마굿간, 녹슨 목화용 기중기, 해변의 흑수강들(blackwater rivers)[6], 살아남은 소규모의 마을들, 오래된 쌀 농장, 지역 대장장이들, 수확할 준비가 되어 있는 목화밭 혹은 담배밭과 같은 것들이다. 그리고 아름다움은 이런 미적인 것들이 발견되는 시골에 위치한 지역사회들에서 문화적 맥락의 유지에 달려 있다.

-Enhancing Rural Economies through Amenity Resources,
"Beauty-The South's Money Crop"

9. 역사건물 재활용(Historic Rehabilitation) 행위는 종종 지역경제를 안정화시키는 경기조정행위(Counter-cyclical action)이다.

어떤 사람들은 역사보존을 경기가 좋을 때에만 투자가 가능한 행위로 생각하지만, 사실은 그 반대다. 많은 도시들에서 역사보존이 지역경제 중 일부가 침체되어 있을 때 새로운 희망적인 면을 주는 것 중 하나라는 것이 입증되어 왔다.

이유는 다양하다. 첫째로, 대다수의 보존프로젝트들이 공사규모로 봤을 때 적절하기 때문에 대규모의 신축공사가 불가능한 시기에도 투자가 가능하다는 점이다. 둘째로, 보존 프로젝트들-특히 전체적으로 개선을 해야 하는 경우를 제외하고는,

6. 흑수강(Blackwater river)은 검정계열의 빛깔을 한 물로 채워진 강을 말한다. 대다수의 주요 흑수강들은 아마존(Amazon Rivers) 강변과 미국 남부지역에 위치해 있다

▶ Havre de Grace, Maryland

경제적으로 힘든 시기에도 대지소유주의 투자가 훨씬 더 여유롭기 때문이다. 셋째로, 전체 금액 대비로 볼 때, 지역노동자와 공급업자들이 신축공사에 지출하는 것보다 훨씬 많은 지출액을 공유할 수 있기 때문이다. (이것은 앞서 말한 자금순환 "dollar for dollar"라는 개념으로) 보존은 지역경제에 훨씬 긍정적인 영향을 줄 수 있다. 마지막으로, 역사지구 내에 토지를 소유한다는 사실은 소유자들로 하여금 부동산경기가 다시 "호황"으로 들썩일 때, 다른 사람의 부적적한 대규모의 신축 프로젝트가 이들의 투자에 역효과를 내지 않을 것이라는 확실을 준다.

> 노동집약적인 활동인 보존은 보스턴(Boston)에서 경기가 특히 불황이었던 시절에 건설활동을 일으켰다. 그리고 이 당시 건물의 재활용은 신축공사보다 훨씬 더 경제적으로 감당할 만한 것이었다.
>
> -Save Our City : A Case of Boston

> 다른 도시들에서 건설활동이 침체되었던 어려운 경기상황에서도 [역사]지구들은 안정적으로 유지되었고, 개발이 침체되지 않았던 매력적인 장소였다.
>
> -Landmarks Preservation and Economic Development in New York City

10. 역사보존은 점진적인 경제개발전략일 뿐 (한 번에 경제를 바꾸는) 거대한 탈바꿈이 아니다.

우리에게는 시민회관, 수족관, 도박장이 훨씬 더 흥미롭게 들릴지도 모르지만, 기존 대지에 대한 점진적인 재투자가 오히려 훨씬 현실적이며, 지역경제를 안정적으로 이끌어낸다. 전국적으로 모든 규모의 도시들이 역사보존을 (경제)성장의 장애물로 보는 대신 경제개발전략의 핵심적인 요소로 성공리에 활용해 왔다.

> 사업체 유치 혹은 스타디움들과 컨벤션 센터의 건설, 혹은 관광광고의 확대를 위해 예전에 사용했던 '한 번에 해결되는' 혹은 '신속하게 반응하는' 전통적인 방식들은 전반적으로 오늘날의 장소와 관련된 어려운 상황에서는 근본적인 원인을 해결하지 못한다.
>
> - Marketing Places

이처럼 증가추세의 재투자를 위한 성공적인 보고서들에도 불구하고, 거의 모든 지역사회들은 정기적으로 누군가에 의해 짧은 시간 안에 발전을 보장한다는 말을 듣곤 한다. 그들이 말하는 것들은 주로 시민회관, 카지노(도박장), 스타디움, 혹은 어떤 다른 순간적인 대안이 될 만한 것들일지도 모른다. 이런 선택사항들 중 어느 것도 절대적으로 나쁜 것은 아니다. 많은 지역사회들이 더 큰 시민회관 혹은 광장을 원하기 때문이다. 하지만 현실적인 대안으로 1개의 거대한 단독프로젝트에 눈길을 주는 것은 (지역경제 활성화를 고려해 볼 때) 결코 성공적일 수 없다.

> 보존은 전국적으로 도시의 부활과 관련하여 가장 저평가되었던 해법이다. 애틀랜타(Atlanta)에서 시애틀(Seattle)에 이르기까지 가장 바람직한 이웃 지역사회들은 역사지구들이다. 하지만 보존은 소규모단위로 증가했기 때문에, 대규모 스타디움과 카지노 프로젝트들이 받았던 화려한 주목을 받지는 못했다.
>
> - Cities Back From the Edge : New Life for Downtown

볼티모어(Baltimore)는 건물 재활용을 활용한 세계적인 성공사례로 꼽힌다. 물론 볼티모어 역시 수족관, 재개발된 수변 공간, 새로운 2개의 스타디움, 확장된 컨벤션 센터, 축제시장, 과학센터, 및 다른 요소들이 자리 잡고 있다. 볼티모어의 성공은 우리에게 세 가지의 매우 중요한 교훈을 주고 있다. ① 이 도시의 성공은 40여 년에 걸쳐서 이루어졌고, 지금도 계속되고 있는 것이지 순간적인 탈바꿈(quick fix)이 아니라는 점이다. ② 어떤 식으로든 한 가지 요소가 전체를 위한 해답이 될 수 없었다는 점이다. ③ 구축된 모든 개발형태의 기반요소로 볼티모어의 역사중심지가 활용되었다는 점이다. 역사보존이 경제발전전략의 희생양이 아니라, 일부분으로 역할을 했기 때문에 볼티모어의 재활용은 성공적이었다. 다른 지역사회들도 이런 점진적인 보존방법이 주는 교훈을 마음에 되새겨 보아야 한다.

> 많은 도시에 있는 유산의 보존은 흔히 점진적으로 이루어져 왔고 … 거대 규모로 도시전역에 걸친 계획들과는 대조를 이룬다.
>
> - The Restoration Economy

11. 역사보존활동은 포괄적인 전략을 통해 장려될 경우 더 큰 규모의 프로젝트처럼 지역사회에 똑같은 영향을 미칠 수 있다.

대부분의 역사보존 프로젝트들은 오히려 적절한 규모로 진행되기 때문에 일반적으로 경제개발 옹호자들은 이것들을 심각하게 고려하지 않는다. "저런 소규모의 프로젝트는 만만하지만, 이것은 진정한 의미에서 경제개발이라고 할 수는 없다."라는 말을 흔히 듣는다. 이런 노골적인 비하에서 생각하지 못하고 있는 한 가지 중요한 점은 경제개발전략으로서 보존은 매우 빈번히 사용되는 포괄적인 전략이라는 점이다. 성공이라고 하는 것은 한 가지 측면의 발전만으로 측정될 수 없으며, 다수의 프로젝트가 수년간에 걸쳐서 이루어 놓은 복합적인 영향력을 가지고 판단해야 한다.

> 프랭클린 거리(Franklin street)를 조사해 보면, 보존프로젝트가 이룩한 집합적인 성취들은 대규모의 프로젝트들이 이룩한 것과 동일하게 리치몬드(Richmond)의 경제에 거대한 영향을 미쳤다는 것을 알 수 있다.
>
> -Historic Richmond Foundation News, "The Importance of Historic Preservation in Downtown Richmond : Franklin Street, A Case Study"

> 지역 내 일련의 보존프로젝트들을 함께 묶는 연결고리는 경제를 기반으로 향하는 개발전략을 도출하는 데 사용될 수도 있다. [예를 들면, 펜실베이니아(Pennsylvania)의 남서부에 있는 문화유산 보존협의회(Heritage Preservation Commission)의 "진보의 통로(Path of Progress)"[7]와 같은 매력적인 일련의 장소들이 이에 해당한다.] 찰스턴(Charlston, 사우스캐롤라이나)에서 보존이 이끌고 있는 경제개발프로그램은 또다른 사례이다.
>
> -Forum Journal, "Economic Development Theory and Practice : Heritage-Based Development"

다시 한번 말하지만, 역사보존이 주는 혜택들을 건설사업이나 특정한 프로젝트에 국한되어 이야기 할 수 없다. 보존은 지역사회 전반을 통해 광범위한 혜택을 준다.

---

7. 진보의 통로(The Path of Progress)는 펜실베이니아(Pennsylvania)주의 남서부 9개 카운티을 통해 뻗어 있는 500마일의 도로이며, 유적지들과 연결된다. 이 도로는 관광객들을 4개의 국립공원(National Parks) 유적지를 포함한 주요한 역사 장소 및 지점으로 안내하는 역할을 한다. (역자 주)

12. 역사보존은 산업체나 생산업체를 끌어들이는 전략의 한 가지 방편이 될 수 있다.

희망적인 소식은 미국의 산업과 제조업 분야가 (그동안) 미숙했다는 것에 대한 찬사이다. 자유무역에 대한 장벽의 감소, 산업계의 연합 및 재편, 라틴아메리카와 아시아국가들 간의 경제적인 성장과 함께 많은 미국 내 산업체들이 교묘하게도 점점 더 세계시장에서 경쟁구도에 접어들고 있다. 나쁜 소식은 너무 많은 경제개발 전문가들이 여전히 경제개발의 유일한 형태는 산업이고, 산업의 발전이 보존과 전혀 상관이 없다는 식의 태도를 견지한다는 점이다. 미국에 산재한 수많은 지역사회들에 있어서 얼마나 값비싼 무지인가!

여전히 낮은 세금, 값싼 노동력, 그리고 저가의 투자환경이 부지선정의 유일한 기준이라고 믿는 몇몇 기업들이 있다. 하지만 오늘날 지구촌 경제에서 이런 사고를 하는 기업들은 미시시피(Mississippi), 켄터키(Kentucky), 아이오와(Iowa) 같은 곳을 선택할 필요가 없다. 오히려 말레이시아, 한국, 인도에서의 세제, 노동력, 관련시설이 더욱 저렴할 것이기 때문이다. 또한 이 같은 기업들은 지역의 세제혜택이 더 많이 주어지거나 시간당 1달러 정도에 노동력 확보가 가능한 다른 지역으로의 이전도 마다하지 않을 것이다.

하지만 점점 늘어나는 산업체들, 특히 더 작은 규모로 창업단계 수준의 회사들이 진정 원하는 것은 좋은 지역사회의 일원이 되는 것이다. 이런 회사들은 그들의 진정한 자산이 공장과 장비가 아니라, 그들을 위해 일해줄 사람들이라는 점과 이 고용인들은 가족들의 부양을 위해 더 양질의 장소를 원한다는 것을 알고 있다.

확실한 점은 공장 자체가 역사건물이나 혹은 심지어 역사지구에 위치하지 않을 것이라는 점이다. 그렇다고 해서 이런 장소들이 부지선정 과정에서 중요한 요소가 아니라는 의미가 아니다. 좋은 산업체 운영자는 그가 속한 지역사회의 역사자산이 새로운 산업을 유치하는 데 중요한 판매포인트가 된다는 점을 알고 있다.

> 사람들이 (어떤 장소를) 여행할 때 매력적이라고 느끼는 점은 또한 그 지역사회에 사는 사람들을 (그 장소에) 끌어들이는 매력과 동일한 것이다. 심지어 산업체와 생산업체들도 역사자원의 신중한 보존을 통해 (산업체나 생산업체가 위치한) 도시가 산업에 더욱 매력적인 장소가 되는 길임을 인식하고 있는 중이다.
>
> -Economic Incentives for Historic Preservation in Atlanta

다시 말하지만, 위원회는 모든 도시에서 역사보존을 통해 이루어지는 시내와 이웃들의 외적인 향상이 산업체와 새로운 사업체를 끌어들이는 노력에 아주 중요한 역할을 했다는 것을 인식했다.

-Report of the Joint Study Committee : Economic Development through Historic Preservation

13. 역사보존은 소규모 사업자들의 유지 및 유치함에 있어서 이상적인 경제개발전략이다.

미국 내에서 소규모 사업들은 모든 신규 직종들 중 75퍼센트 이상을 차지했다. 가장 빠른 성장률을 가지고 있는 20가지의 직종 중 90퍼센트 정도의 업종이 20명 이하의 고용 사업장이었고, 평균적으로 이런 회사의 고용인원은 12명이었다.

▶ Washington, D.C.

역사건물은 이런 대다수의 소규모 사업장들에게 이상적인 입지를 제공해 준다. 이런 산업체에서 일하는 노동자들이 필요로 하는 규모는 어느 정도일까? 대략 1인당 250평방피트(ft^2)[8] 정도이다. 그렇다면 시내에 혹은 이웃들과 인접한 상업중심지에 있는 역사건물의 평균크기는 얼마나 될까? 대략 한층당 2,000~3,000평방피트(ft^2) 정도이다. 그렇기 때문에 크기와 용적별 비용대비 면에서 소규모 사업장과 역사건물은 궁합이 잘 맞는다는 것을 알 수 있다.

상업용 역사건물들은 일반적으로 매력적인 가격에 소규모 사업자들과 이제 막 창업한 사업자들에게 다양한 사무공간과 상업용도의 공간을 제공한다. 더구나 고도의 기술을 요구하는 소규모 사업체들은 근린주거지역과 공간규모의 특성으로 구분되는 역사지구에 매력을 느낀다.

-Forum Journal, "Economic Incentives for Historic Preservation in Oakland, California"

8. 1평방미터(m^2)는 대략 10.76(ft^2)로 환산된다. (역자 주)

14. 오래된 건물들은 모든 유형의 사업체들에 맞는 우수한 작업공간을 제공할 수 있다.

건전한 환경을 가진 도심지는 흔히 비공식적으로 새롭게 시작하는 많은 소규모 사업체를 위한 양성공간을 제공한다. 하지만 일부 지역사회들은 일반적인 경제발전전략의 공식적인 부분으로 이런 사업체들의 양성공간을 조성한다. 오래된 역사건물들이 흔히 이런 목적에 부합하는 공간으로 선택된다.

> 새로운 사고들은 오래된 건물들을 필요로 한다. 제인 제이콥스(Jane Jacobs)[9]가 쓴 위대한 미국 도시들의 삶과 죽음(The Death and Life of Great American Cities)이라는 저서에 따르면, 오래된 건물들은 변하는 세상 속에서 빠르게 움직이는 삶 속의 사람들을 결속시켜주는 진정성, 신뢰성, 지역사회의식, 역사의식을 제공한다. (24/7) 이 건물들은 우리의 터전이며, 우리가 살아가고 있는 이 창의적인 시대에 존재감과 정체성을 제공한다.
>
> - Forum Journal, "How Creativity and Sense of Place Fuel the New Economy

사업체 양성장소로 역사건물을 사용할 경우 얻게 되는 혜택은 다양하다. ① 건물임대료는 택지 구입시 들어가는 지출 및 양질의 새로운 건물 공사비보다 저렴하다. ② 사업체를 운영하는 장소로 사용할 경우, 일반적으로 재활용에 들어가는 비용이 적절하고, 신축으로 확보된 공간보다 훨씬 더 저렴하다. ③ 건물가격이 낮고, 새로운 사업체가 지출해야 하는 사용료가 낮기 때문에 초기 사업자들에게 유리하다. ④ 오래된 건물들은 주로 시내 중심가에 위치하는 경우가 많기 때문에 사업운영자들이 주로 이용하는 회계사나 은행가, 변호사, 우체국, 시청 및 업무상 필요한 사무실들에 근접하게 되는 장점이 있다. ⑤ 창업하는 사업체들에게 역사건물은 비용대비 측면에서 고려해 볼 때 탁월한 선택이 된다.

> 오래된 건물의 보존과 재활용은 소규모 사업체들을 위한 양성공간을 제공한다. 왜냐하면 임대료가 상대적으로 저렴하기 때문에 역사건물들은 저렴한 초창기 사업비용과 더불어 운영비를 낮춰줌으로써 소규모 사업체들의 유치에 기여한다.
>
> - The Effectiveness and Fiscal Impact of Tax Incentives for Historic Preservation : A Reconnaissance for the City of Atlanta

9. 제인 제이콥스(1916~2006)는 미국 태생의 캐나다 도시학자이자, 작가, 활동가였다. 그녀는 미국의 1950년대에 행해진 도시재개발에 대해 강력하게 지적한 대표 저서인 '미국 도시들의 죽음과 삶' (The Death and Life of Great American Cities, 1961)을 통해 잘 알려졌다.

15. 역사보존은 도시들(cities)과 소규모 마을들(towns)이 교외(suburbs)지역과 경쟁할 수 있도록 해주는 경제발전전략이다.

2차 세계대전 이후로 미국의 주요 도시들과 소규모 마을들은 경제적으로 똑 같은 현상을 겪었다. 이른바 산업, 일자리 및 인력이 시 외곽으로 이동하는 현상이다. "도심부 외곽"을 옹호하는 사람들의 주장에도 불구하고, 우리는 이런 경향과 반대적인 징후를 보기 시작했다. 주요 도시들과 소규모 마을들의 희생에 대해서 7가지의 요소들이 도시 외곽의 발전에 영향을 주었다고 할 수 있다.

① 주민 1인당 소득의 급격한 증가 ② 방대한 양의 값싼 토지 ③ 저렴한 수송단가 ④ 주거용 건설비용의 절약 ⑤ 국가 차원에서 정부의 지원 ⑥ 출퇴근하는 남편과 집안일을 하는 아내로 구성된 가정

이런 요소들 중 어느 것이 오늘날까지 존재하는가? 사실상 아무 것도 존재하지 않는다. 현재를 살아가는 우리는 치솟는 에너지, 수송, 토지단가를 겪고 있을 뿐이다. 신축공사기술에 있어서는 단지 몇 개의 단가절약 차원의 개선들이 있을 뿐이고, 주정부의 지원은 약해지고, 더 엄격해진 지방정부의 간섭, 그리고 변화하고 있는 '가족'개념에 부합하는 요구들만 존재한다. 이것은 삶의 질에 중점을 둔 경제적, 사회적인 대안을 제공해줄 수 있는 소규모와 대규모의 도시들에게는 좋은 징조이다. 역사보존은 이에 부합하는 질을 제공해줄 수 있는 중요한 요소가 된다.

> 소유한 역사건물들을 잘 보존해 온 도시들과 지구들은 훨씬 더 삶의 활기가 있는 장소이며, 사업체들에게 바람직한 장소가 된다. 이런 도시들과 지구들은 일자리 창출과 주민유치에 있어서도 충분히 교외지역과 경쟁할 수 있다.
>
> -Economic Incentives for Historic Preservation in Atlanta

> 도시에서 산업들과 거주자들이 도심 주변으로 이주했던 경제적 침체가 있던 몇 년 후에, 더럼(Durham)[10] 시내는 도심주변과 구분하는 한 가지 특성에 투자하고 있다. 바로 역사다.
>
> -Urban Land, "A Catalyst for Redevelopment"

---

10. 더럼(Durham)은 영국 더럼 카운티 지구 내에 위치한 더럼시의 주 정착지역인 소도시를 말한다. 이 지역은 노르망성당(Norman Cathedral), 노르망 성으로 유명하며, 더럼대학이 위치하고 있다. (역자 주)

16. 역사보존은 경쟁력 있는 도시외곽 지역사회를 유지하기 위한 주민들에게 경제개발전략의 부분이 될 필요가 있을 것이다.

경제개발은 매우 경쟁적으로 실현되고 있다. 소수의 소규모 마을들에 대한 낮은 세금은 모든 종류의 세금을 일시에 줄일 것이다. 낮은 이자율을 가진 대출금이 있는가 하면 어느 곳에서는 무이자로 대출을 해주기도 할 것이다. 공공기반시설을 제공하는 정책이 있는가 하면 또다른 지역사회는 건물 하나에 모든 것을 수용하려고 집어넣을 것이다.

이런 예를 드는 것은 위에서 언급한 경제발전의 전략이나 다른 예들이 경제발전을 위해 중요한 수단이 아니라는 점을 제안하려는 것이 아니다. 이것들은 경제발전의 전략이 될 수도 있다. 하지만 이런 것들이 일개 지역사회의 발전에 얼마나 빠르게, 싸게 혹은 쉽게 기여를 하던 간에 (결국) 도로 바로 옆에 위치한 도시가 더 빠르고 값싸고 쉽게 경제발전을 이룰 수 있다는 점과 지역사회들 간의 이런 협력은 다른 장소들과 경쟁하는 또다른 장소에서 매우 기술적으로 이루어져 왔다는 점이다.

하지만 지역사회의 역사자원을 이용하는 것은 절대적으로 이런 지역사회에 있어 생소한 전략이다. 다른 누군가가 당신의 하수관, 산업단지, 세율 혹은 행정처리 등의 과정을 모방할 수 있을지 모르지만, 역사자원을 활용한 정책들은 흉내낼 수가 없기 때문이다. 역사보존은 경제발전전략에 있어서 유일한 요소는 아니지만, 점점 더 경제발전전략의 전반적 접근에 핵심요소로 인식되고 있다.

> 역사보존은 우리 유산 중 역사건물들을 보호할 뿐만 아니라, 이웃들에게 활력을 불어넣어 주며, 지역사회들을 더 살기 좋은 곳으로 만들어준다. 또한 이 점은 로드아일랜드(Rhode Island)의 경제에도 중요한 요소가 된다.
>
> -Forum Journal, "Economic Effects of Historic Preservation in Rhode Island"

> 역사보존운동가들을 무시하면서, 그들의 노력에 의해 성취될 수 있는 경제발전과 건물 재활용에 대해 관심을 갖지 않는 도시들은 반드시 경제적인 손실을 초래할 수 있다.
>
> -Travel expert Arthur Frommer

20. 보존에 바탕을 둔 경제개발을 위해 고안된 전략들은 신규개발에도 적합하다.

▶ Seattle, Washington

역사보존에 관한 비평가들은 종종 보존운동가들이 단지 옛날 건물들을 보존하기를 원하고, 이들은 결코 새로운 건물들이 들어서는 것을 원치 않는 다는 식으로 주장한다. 만약에 이와 같은 입장을 고수하고 있는 보존운동가가 있다면, 나는 결코 그 사람과 상대하지 않을 것이다. 사실상, 대다수의 보존운동가들은 다만 오래된 건물들의 역사적 혹은 문화적인 중요성과 관련된 지나간 것에 대한 관심을 가지고 있다. 이런 사람들은 옛 건물들이 아주 빈번히 제공해주는 건물 자체의 물리적인 아름다움과 더불어 디자인 측면에서 도시에 제공하는 '질(quality)'을 알고 있는 보존 옹호론자들이다.

지난 40년 동안 수천 개의 지역사회들이 '어제'의 건물들이 제공하는 수준 높은 물리적 환경을 유지하기 위해 역사지구 유지와 관련된 디자인 기준(design standard)을 개발해 왔다. 이 과정을 통해 미학에 관한 소중한 교훈들과 미학과 경제학 사이의 관계에 대한 중요한 교훈을 얻을 수 있었다. 장기적인 경제개발의 안목에서 볼 때, 신축구조물이든 역사건물들이든 간에 질 높은 도시디자인은 중요하다. 역사건물들을 보호할 목적으로 개발된 수단들은 신축건물들에 관한 결정과정에서도 유용하게 사용될 수 있다.

> 믿을 만한 디자인을 보유한 지역사회에서 투자에 대한 보상은 지역 내 주택 거래의 증가에서 뿐 만 아니라, 신뢰할 만한 설계로 인해 지역사회 전체에 미치는 시각적인 개선에서도 찾아볼 수 있다.
>
> -Saving Face : How Corporate Franchise Design Can Respect Community Character

> 보존은 지역주민들의 삶의 질을 다시 향상시키면서, 활용 가능한 수많은 쾌적함에 기여하는 신규 공사 및 다른 개발프로그램들을 향상시킬 수 있다.
>
> -Economic Benefits of Historic Preservation : The Impact of Historic Preservation on Local Economies in Georgia

21. (각종 보존) 장려금(incentives)은 종종 역사보존에 필요한 촉매제 역할을 하며, 꾸준히 비용대비 효율성을 갖는다.

경제개발의 전반적인 과정은 지역사회의 이익을 조성하는 것과 같은 방법을 통해 개인영역(private sector)을 격려하는 방법 중의 하나이다. 지역 산업체에 의한 공단조성공사는 이런 유형의 혜택이라고 할 수 있으며, 종종 상당량의 공적자금이 투입된다. 신축건물들을 위한 세제감면을 허가해 주는 것, 새로운 일자리에 대한 세금혜택을 주는 것, 새로운 사업에 대한 이자율을 낮추는 것 등은 이런 혜택들의 전형적인 사례라고 할 수 있다. 역사보존에서 유사한 혜택들은 위와 똑 같은 목적으로 제공된다.

> 역사보존의 재정적인 혜택들은 지역사회의 가치를 인식하려는 차원과 구축된 환경에서 발견한 지역의 역사와 유산을 재정적으로 가능한 선에서 보존함으로써 시장에서 발생하는 경제적인 압박에 영향력을 주기 위한 조치이다.
>
> -Fiscal Incentives for Historic Preseravtion

주어진 상황하에서 협력을 이끌어내려는 각종 장려금의 사용에 관해 "공공자금의 신중한 사용인가?"와 같은 논쟁들이 계속된다. 하나의 일자리를 창출하는 데 30만 달러 이상의 공공혜택이 있을 경우, 이런 행위가 현명했는지에 관한 질문은 분명 필요하다. 역사보존에 투입되는 장려금은 그 규모에 있어서 꾸준히 적절한 수위를 유지한다. 그리고 보존혜택들을 위한 돈으로 따질 수 없는 보상들은 분명히 존재한다. 비록 경제적인 것이 유일한 평가기준이라고 하더라도 보존의 순수한 공공의 혜택은 개개인의 영역에 의해 지출되는 것을 뛰어 넘는다.

> 우리의 분석을 바탕으로 볼 때, 건물 재활용이나 혹은 역사건물의 복원에서 발생되는 지역사회의 경제적 혜택들은 특정 건물의 재활용에 대한 개인영역의 투자자들에 의해 조성되는 비용을 뛰어 넘는다.
>
> -Property Tax Incentives for Landmarks : An Analysis

경제적으로 보존혜택들을 규정하는 것은 이런 "투자비용보다 더 큰 규모의 혜택"이고, 특히 요즘과 같은 험난한 경제상황에서는 더욱 그렇다. 가장 널리 활용되는 보존장려금은 주정부에서 역사건물들에 제공되는 세제감면혜택이다. 1986년, 연방세제법안의 전반적인 수정의 일환으로 이 장려금은 큰 폭으로 재조정되었다.

이런 변화들은 장려금이 사용되었던 빈도수를 확연히 줄어들게 하는 예상치 않은 결과를 초래했다. 이전에 받았던 세제혜택과 같은 효율성을 되살리기 위한 최근의 시도들은 "우리는 (주나 지방정부의) 금고를 바닥내는 행위를 허용할 수 없다."라는 식의 주장을 해온 법률제정가들과 마찰을 빚어 왔다. 하지만 필라델피아(Philadelphia) 시장이었던 랜델(Rendell)이 경험한 바와 같이, 건물 재활용에 관한 세제감면혜택은 명백히 그 효과를 입증해 보였다.

> 건물 재활용에 100만 달러를 지출할 경우, 시 재정에서 손실되는 세금은 20만 달러가 되지만, 동시에 779,478달러의 급여수입을 안겨준다. (여기에) 28퍼센트 정도의 수입세를 적용해 보면, (건물 재활용에 투자한 100만 달러는) 주정부 세금으로 218,254달러를 안겨주는 셈이다. 법인 수입, 원금에 대한 이자, 부동산세는 가구수입세에 훨씬 더 이익을 가져다 줄 것이다. 따라서 … 이렇게 서로 상쇄되는 요소들은 역사건물 재활용에 주어지는 세금감면혜택을 보다 더 광범위한 자치투자 프로그램(self-funding program)으로 만들어줄 것이다. 무엇보다 좋은 점은 역사건물에 주어지는 세금감면혜택으로 인해 재개발과 주택개발을 목적으로 하는 훨씬 많은 개인투자를 유치할 수 있다는 점이다.
>
> -Former Philadelphia Mayor Edward G. Rendell

보존장려정책들은 보존활동이 일어날 수 있도록 한다. 그리고 보존혜택들은 희박한 공공자원이 재정적으로 보장되는 투자의 대표적인 사례이다.

> 소규모 상업용 공간, 아파트, 사무실용도 등 (건축적으로 흥미로운) 도시공간들에 관한 강한 요구가 있다. 그리고 세금감면혜택 덕분에, (역사건물에 대한) 혜택들은 다른 상업용 건물들의 혜택들을 압도할 수 있다.
>
> -National Real Estate Investor, "Rehabs : A Solid Niche in a Shaky Market"

제 4 장

공공정책으로서 보존경제학
Preservation Economics as Public Policy

22. 역사보존 프로그램은 효과적으로 대중들의 관심에 적합한 지역들을 (사업)목표로 삼는다.

▶ Dubuque, Iowa

과거 역사적인 상업지구들과 주거지역들은 개인투자자들이나 공공투자자들에게서 외면을 받아왔기 때문에, 이들에 대한 재투자가 이루어지도록 유도해야 한다. 다수의 역사건물들은 시내 중심가, 주거지역과 인접한 상업중심지, 그리고 주거지역에 인접해 있다.

경제적인 결과들은 … 역사보존을 위한 혜택들을 조정하기 위해 사용될 수 있다.

-Forum Journal, "Economic Impacts of Preservation in New Jersey and Texas

최근에 와서 대부분의 지역사회들은 외곽에 위치한 주거지역과 상업지구에 공공자금을 투자해 왔다. 가끔 이런 지출이 오래된 지구들의 희생으로 이루어졌고, 또 가끔은 대중적인 관심이 필요한 대부분의 지역에 대한 희생으로 이루어졌다. 가난한 사람들, 노약자들, 소규모 사업가들, 독신부모들은 오래된 주거지역에 불균형적으로 위치해 있다.

- 빈곤층 이하의 가구수 중 32퍼센트가 오래되고 역사적인 집에서 살고 있다.
- 가구의 연간수입이 2만 달러 이하인 세대주들의 31퍼센트가 오래되고 역사적인 집에서 살고 있다.
- 가구의 연간수입이 2만 달러 이하인 세입자들의 34퍼센트가 오래되고 역사적인 집에서 살고 있다.
- 흑인세대주들 중 31퍼센트와 히스패닉세대주들 중 24퍼센트가 오래되고 역사적인 집에 살고 있다.
- 나이든 노인세대주들 중 29퍼센트가 오래되고 역사적인 집에 살고 있다.
- 세대주가 거주하는 오래되고 역사적인 전체 가구 중 53퍼센트가 매달 500달러 이하의 집세를 내고 있다.
- 세입자가 거주하는 오래되고 역사적인 가옥들 중 48퍼센트가 월 500달러 이하로 임대되고 있다.

-Forum Journal, "Historic Preservation and Affordable Housing : The Missed Connection"

모든 규모의 너무 많은 지역사회들에서 역사자산을 지닌 이런 지역에 대한 공공투자 및 개인투자의 빈곤으로 인해, 예전에는 질 높은 주택이었던 곳이 방치되고, 무관심으로 인해 파괴되고, 더 이상 세금이 걷히지 않는 곳으로 변했으며, 토지의 가치가 낮아지고, 세제수입도 감소했다. 주택이 방치되는 것은 미국 도시 내에서 가장 골치 아픈 문제점 중의 하나이며, 시정부의 적절한 재투자정책의 결여로 인해 암암리에 발생했다. 결국 도시들은 이런 비투자정책으로 인해 스스로에게 치명타를 입히게 된 것이다.

> 도시생활의 쇠락이 가져온 버려진 주택들에 의해 야기된 문제는 어림짐작하기도 힘들다.
>
> -The Power of Place

역사보존에 대한 약속은 도심부들, 더 오래된 이웃들, 주거에 인접한 상업중심지에 대한 약속이기도 하다. 대중정책과 역사지구 내 자원들을 관리함으로써, 지역사회가 역사자원들을 필요로 하는 사람들에게 이들을 관리할 수 있도록 하는 것이다.

> 도시지역사회들이 번영하고 사업을 뒷받침하고자 한다면, 낙후된 주택시장을 되살리는 일을 최우선으로 고려해야 한다.
>
> -Emerging Trends in Real Estate

23. 대규모로 자행되는 건축물의 파괴는 명백하게 잘못된 정책이다.

도시재개발(urban renewal)이라는 미명하에 자행되는 구조물들의 파괴가 심각한 부작용을 낳고 있다는 것은 입증된 바 있다. 이런 행위가 선의의 명분에 의해 행해질 때에도 "우리는 이웃들을 구제하기 위해 역사건물들을 청소해야 한다."와 같은 단순논리는 설득력이 없다.

주정부의 기금들은 흔히 도시재개발에 투자되기도 한다. 상업적인 혹은 주거용도의 목적으로 사라져 버린 곳들을 다시 조성하기 위해 지역사회 전체가 파괴되었다. 그리고 의도하지는 않았지만 발생한 큰 손실을 통해 우리는 마침내 교훈을 얻었다.

▶ San Antonio, Texas

> 수 마일의 황폐한 도시경관을 밀어버린 후, 위정자들은 드러난 모습들이 사기가 될 수 있음을 발견했다. 그리고 일부 아주 유용한 것들 – 특히 저렴한 가격의 주택들과 사회를 지탱하던 복잡하고 유기적으로 얽혀 있던 건물들 – 이 도시재개발이라는 명목하에 파괴될 수 있다는 것도 알게 되었다.
>
> -The Power of Place

이렇게 잃어버린 것은 새롭게 조성된 주거들이 아니라, 오래된 이웃들이었고 이들 중 상당수가 역사적이라고 공인되었던 것들이었다. 이곳에 살았던 사람들은 그들의 이웃의 중요성을 이해했지만, 도시재개발의 옹호자들은 주민들에게 파괴의 계획만을 이야기했다.

> 불량주거지를 없애버린 사람들은 결코 그들이 '청소해 버린' 그 지역에서 살지 못한다.
>
> -Placeways

> 도시재개발계획은 … 부주의하게도 많은 다른 이웃들을 싹쓸이 해버렸고, 개발이라는 답답한 전망(종종 실수라고 일컬어지기도 하는)을 언급하며, 다시는 복구될 수 없는 사회의 네트워크를 파괴해 버렸다.
>
> -Rights Talk : The Impoverishment of Political Discourse

아마도 역사보존이 우리의 도시생활에 주고 있는 꾸준한 기여 중 하나는 바로 터무니없는 지역사회에 대항하여, 사람들을 동원해 주는 것일 게다. 이웃을 기반으로 하는 단체들이 항상 이기는 것은 아니지만, 종종 그들은 그들의 목소리를 낼 수 있는 보존포럼과 같은 모임을 만들 수가 있는 것이다.

> 오랜 역사를 지닌 가로나 혹은 건물이 근대화나 혹은 어떤 개선이라는 명목으로 파괴될 때마다 몇몇 미래의 행복들도 그것들과 함께 파괴가 되었다. (파괴의) 영향력은 미묘하고 직접적이지는 않지만 강하다. 건물들 내부에 그리고 그것을 만들어 낸 물리적 형태 속에서 가시적으로 보이는 역사들이 살아 숨 쉬는 거리를 걷는 것과, 단지 기능만이 남아 있는 거리와의 큰 차이점이 바로 그것이다.
>
> -New York Review of Books, "The Future of Knowledge"

24. 역사보존은 고비용의 쓰레기 매립 행위에 대한 재정적인 보장을 해주는 상반된 개념이다.

소규모 도시, 대도시, 시골지역 각각은 논의되어야 할 도시가 안고 있는 나름의 문제점들이 있다. 하지만 전술한 모든 지역에서 공통적으로 나타나는 문제점은 고형폐기물(solid waste) 처리에 관한 것이다. 사회생활을 통해 우리가 만들어내는 고형폐기물의 증가는 적절한 폐기방법에 관한 환경적인 의무를 우리가 더 잘 이해하는 것과 함께 진행되어야 하는 문제이다. 이런 2개의 평행한 조건들은 상당한 비용을 투자하여 고형폐기물을 처리하는 방향으로 이루어져 왔다.

> 이 건설산업에서 급속도로 가장 중요한 환경문제들 중 하나가 되어가고 있는 것은 고체 쓰레기를 분해하는 문제이다. 미국의 건설업자들은 매년 대략 3,150만 톤의 건설쓰레기를 배출한다. 일부 해로운 물질을 포함한 많은 종류의 물질들로 구성된 이런 잔해들은 미국 전체 지역에서 발생하는 고체쓰레기 중 거의 24퍼센트를 차지한다.
>
> -Building a Balance : Solid Waste Disposal

이런 문제는 현실적으로 폐기물 수송에 소요되는 높은 비용, 불법폐기물 처리의 발생, 모든 쓰레기 처리업자들이 부담해야 하는 높은 처리비용의 증가, 앞으로 발생할 쓰레기 매립지 확보를 위한 자금조성으로 빚어지는 높은 지역세금, 환경의 불확실성(환경문제) 등을 포함한다.

> 북동부지역에서 건설과 파괴로 인해 발생한 폐기물 처리(Construction and Demolition : C&D) 비용은 쓰레기의 매립이 가능한 대지용량의 부족과 중서부지역에서 나오는 폐기물의 수입으로 인해 현재 1톤당 60달러에서 140달러에 이른다. 과거에는 안전하다고 여겨졌던 C&D와 관련하여 새로운 문제점들이 대두되고 있으며, 현재 다양한 특수폐기물과 독성을 함유한 화합물 – 납이든 페인트와 크레오소트[13](creosote), 다른 목재용 방부재를 포함한 – 들도 처리되어야 한다.
>
> -Construction and Demolition Wastes : The Neglected Challeng of the 90s

13. 구아야콜 · 크레오솔 등 약 10종의 페놀류의 혼합물로 무색 또는 미황색인 투명한 유액이다. 빛에 강하게 굴절하고 연기냄새가 나며 에테르 · 클로로포름 · 식물유에 녹고 물에는 잘 녹지 않는다. (역자 주)

어떤 한 가지 해법만으로는 이 문제를 해결할 수 없다. 더 적극적인 재활용, 기술의 진보, 지역 간 협력, 더 강화된 법률 등이 모든 것들이 해결책의 부분이 될 수 있다. 그러나 하나의 대안은 명백하다. 파괴되지 않는 건물은 폐자재로 이루어진 쓰레기 매립장의 골칫거리가 되지 않는 다는 것이다. 역사보존은 궁극적으로 재활용전략이다. 역사건물이 재활용되기 보다는 파괴될 경우, 경제적인 관점에서 볼 때 모든 사람들은 지출을 해야 하는 것이다.

> 우리 모두는 우리가 소비한 콜라캔들을 성실히 재활용한다. 이는 (재활용캔 더미가) 좁은 통로를 차지한다는 점에서 상당한 불편을 주지만, 우리는 환경에 좋다는 이유로 이것을 실천한다. 현재 워싱턴에 있는 소규모 2층 석조 상업건물을 우리가 철거한다고 가정해보자. 우리는 지금 1,344,000개의 콜라캔들을 재활용했을 때 얻을 수 있는 모든 환경적인 혜택을 없애버리는 것이다. 우리는 역사건물을 훼손했을 뿐 아니라, 워싱턴 D.C.의 선량한 시민들에 의해 착실히 재활용된 몇 달간의 노력을 없애버리는 꼴이다.
>
> – Planning for the Future, Using the Past

> 지속 가능한 개발을 추진할 때, 지역사회들은 재활용된 역사건물들로부터 많은 것들을 얻는다. 소비적인 철거의 과정을 거치지 않고, 재건축만을 하는 것은 재활용의 환경적인 혜택을 얻는 것이다.
>
> – Adaptive Reuse : Preserving our Past, Building our Future

25. 좀더 확장된 의미의 공공 서비스를 외곽 지역에 지속적으로 제공하는 것은 많은 비용이 든다.

개발에 대해 반대한 적이 거의 없는 도시토지기관(Urban Land Institute)은 도시의 확장개발(sprawl development)에 소요되는 장기투자금액에 관해 몇 가지 분석을 실시했다. 결론은 다음과 같다. 저밀도 도심외곽지역 개발에 소요되는 비용은 밀도가 더 높은 개발지역에서 소요되는 비용보다도 40~400퍼센트 정도가 더 필요하다.

> 따라서 저밀도 지역의 성장이 극도로 더 많은 비용을 필요로 하는 것은 사실이다. 이들은 더 많은 마일(mile)에 걸친 도로와 더 많은 소방서, 학교, 하수구 배관들이 필요하다. (대부분 이 모든 것들은 주민들로부터 거둬들인 세금으로 충당된다.) 우리가 작성한 볼티모어(Baltimore) 시정보고서에서 알 수 있듯이, 고밀도지역의 개발

대신 저밀도지역의 개발을 선택한 메릴랜드(Maryland)의 경우, 2020년까지 3억6천만 달러를 초과하는 과도한 도로건설비용이 지출되었던 사례를 통해 교훈을 얻었다.

- Citistates : How Urban America Can Prosper in a Competitive World

1970년에, 메인(Maine)[14]지역의 정부들은 학생들을 버스로 실어 나르는데 870만 달러를 지출했다. 1995년에는 학생수가 줄어들었음에도 불구하고 이 비용은 5,400만 달러로 증가했다.

- The Cost of Sprawl

미네아폴리스에 위치한 세인트폴은 늘어나는 도심의 확장을 충족시킬 목적으로, 새로운 수도와 하수시설을 위해 2020년까지 30억 천만 달러를 지출할 것이다.

- Pioneer Press, "What's So Bad About Sprawl?"

이런 비용지출은 분명 세금으로 충당될 것이지만, 지불은 다른 방법으로 조성된다.

역사건물들은 일반적으로 시내를 중심으로 들어서기 때문에 대중교통을 극대화시키고, 교통관련 에너지 소비와 주차공간에 관한 요구들을 최소화시키는 교통요지와 다른 이미 정착된 시설들 주변에 인접해 있다.

- Architectural Record, "Tapping the Synergies of Green Building and Historic Preservation"

도심의 확장은 우리의 열린 공간을 잠식한다. 이런 현상은 마음을 번잡하게 하고, 대기를 오염시키는 교통체증을 만들어낸다. 도심의 확장으로 인해 사람들은 (다가올) 미래에 대해 심각한 폐소공포증(claustrophobic)을 느끼게 된다.

- Former New Jersey Governor Christine Todd Whitman

26. 도심 주변부 확장을 막는 가장 효과적인 방법은 지역사회 내에 있는 기존 건물들과 대지들을 집중적으로 활용하는 방안이다.

쓰레기 매입에 사용되는 소요비용의 경우와 같이, 역사보존이 도시 확장으로 빚어지는 경제적인 지출에 대해서 유일한 해법은 아니다. 하지만 10,000평방피트(ft^2)

14. 메인(Maine)은 미국 북동부지역에 위치한 뉴잉글랜드(New England)에 소속된 주의 명칭이다. (역자 주)

정도 면적까지는 도심부를 재개발하고 재활용할 수 있다. 10,000평방피트 정도는 그 주변부에 무언가를 신축할 필요가 없는 면적이다. 이런 결정은 주변 시설물 구축 및 수송에 필요한 비용을 절약할 수 있게 하고, 대기오염과 교통체증을 줄여주며, 개인과 공공투자 분야에 의해 이미 조성된 투자현상을 강화시켜 준다.

▶ Madison, Wisconsin

우리가 저밀도, 도심확장 개발이 표방하고 있는 소비적인 토지활용패턴을 인식하기 위해 굳이 자동차를 반대할 이유는 없다. 도심 주변부에 위치한 사무실에서 일하는 사람에게는 대략 그의 작업을 위해 250평방피트, 가게를 하는 사람은 17평방피트, 자신의 보금자리를 위해서는 600~700평방피트 정도의 공간이 필요하다. 이들이 타고 다니는 자동차의 주차공간으로 각각 350평방피트 규모의 주차장 3곳이 필요한데 회사, 쇼핑몰, 집에 각각 1개 씩이다. 그리고 이런 계산에는 그가 출퇴근하면서 필요로 하는 고속도로의 자동차 대수당 면적이 포함되지는 않았다. 종합적으로 볼 때 차 1대당 사람이 필요로 하는 면적보다 100~200평방피트 정도가 더 소요되는 셈이다. 이게 말이나 되는가?

그럼 위에서 말한 현상을 바탕으로 도심부에서 근무하는 사람과 한번 비교를 해보자. 이 사람들은 일터로 가기 위해 차를 운전해야 할지도 모르지만, 쇼핑을 위한 개별 주차공간은 필요가 없다. 왜냐하면, 도심부에 쇼핑몰이 위치해 있기 때문이다. 그리고 만일 이런 직장인들이 운 좋게도 역사주거단지 근처에 살고 있다면, 이들이 운전하는 자동차들은 3개의 개별적인 주차장 대신에 딱 하나의 주차공간만 있으면 되고, 걸어서도 출퇴근이 가능하다. 만약 훌륭한 대중교통수단이 존재한다면, 아마도 이들은 이 모든 행위를 자동차가 없이도 해낼 수 있을 것이다.

보존과 역사주거 및 상업건물들을 재활용하는 것은 개발에 대한 방해 없이도 도시의 확장에 관해 장기적인 지출비용을 감소시키는 데 도움이 될 수 있다.

도시 확장은 경제성장과 개발이라는 개념과 동일한 의미가 아니며, 모든 개발이 일자리 창출 혹은 세금총액의 증가를 의미하는 것은 아니다. 적절한 규모를 가진 지역사회, 즉 기존의 건물들과 주변 시설물들을 잘 활용하고, 자연환경에 최소한의 피해를 주며, 이웃들과 밀접하게 관련된 개념의 새로운 개발은 건전한 의미의 경제개념을 만든다.

-How Superstore Sprawl Can Harm Communities

기존의 기반시설 인근 혹은 그 지역 내에 위치한 건물 덕분에 지역정부는 도심확장에 소요할 수 있는 더 많은 값비싼 투자, 불필요한 인프라의 확장을 피할 수 있다. 그리고 일자리가 노동자들이 사는 곳 인근에 조성될 때, 통근거리가 줄어들고, 대중교통이 더욱 실행 가능한 선택사항이 되기 때문에 교통 체계에 부여되는 압박이 덜 하다.

-Main Street News, "Brownfields : Reclaiming Urban Wastelands"

(역사)보존은 인프라가 이미 구축된 지역들 – 우리의 도시들과 오래된 도심외곽지역의 개발에 다시 초점을 맞춘다.

-Former New Jersey Governor Christine Todd Whitman

27. 역사건물들을 재활용하는 것은 기존의 공공시설물들을 재활용한다는 것을 의미한다.

도시의 기반시설들이 도시에 대한 관계는 기계적인 시스템이 집에 대한 관계와 같다. 집은 전기, 배관, 단열, 냉방 및 기타 장치들이 필요하다. 도시 역시 상하수도, 거리, 모퉁이길, 길가의 하수도, 갓길, 공중전화기, 전기선로, 태풍에 대비한 하수도, 주차장들이 필요하다. 주변 시설물들은 비싸고 주로 시민들의 세금으로 충당된다.

개발이 소규모 도시의 외곽지대에 있는 옥수수밭과 같은 미개발지역에서 발생한다면, 납세자들은 주변 시설물들을 구축하기 위한 노력에 세금을 내야 할 것이다. (하지만) 역사건물의 재개발을 할 때에는 이 같은 주변 시설물들을 구축할 필요가 없다. 왜냐하면 이미 건물 내부에 구축되어 있기 때문이다. 이것은 곧 세금의 절약을 의미한다.

대부분의 상업지구는 이미 재개발에 필요한 기반시설과 건물들을 포함하고 있다. 이와는 대조적으로 도시주변에서 실시하고 있는 새로운 개발은 도심의 확장을 유발하고, 도로와 수도관들 같은 고가의 주요 기반시설의 확장을 필요로 한다.

-The Economics Benefits of Historic Preservation in Colorado

이따금 개발업자들은 “그렇지만 나는 건물에 필요한 주변 시설들을 투자해서 납세자들의 부담을 없애겠다.”라는 말을 하곤 한다. 절대 그렇지 않다. 주변 시설물들에 소요되는 지출자본은 아주 저렴한 부분이며, 오히려 그것들을 30년, 40년, 50년 동안 유지하는 비용이 훨씬 더 비싸다.

> 도심의 확장은 수천 에이커(acre)의 숲, 농장들, 습지들을 없앤다. 그것은 우리에게 새로운 학교, 가로, 상수도관, 경찰서, 공원 등을 조성할 것을 요구한다. 우리는 끊임없이 새로운 것들을 해야 하는 것이다.
>
> -Former Maryland Governor Parris N. Glendening

> 우리는 현재 도로들과 수도관들로 존재하고 있는 땅을 재활용하는 능력에 향후 우리가 사는 도시의 경제적 활력이 놓여 있다는 것을 알고 있다.
>
> -Boston Mayor Thomas Menino

28. 역사지구의 공적인 목적은 개인투자자들에게 편안함을 제공하는 것이다.

역사적인 상점이나 주거지역은 흔히 공공투자자들과 개인투자자들에 의해 수십 년 동안 외면되어 왔기 때문에, 사실상 개인투자자들이 재투자하는 것을 꺼릴지도 모른다. 부동산은 상호 협력적인 자산이다. 부동산의 가치는 개인소유자들의 투자에 의해서가 아니라, 다른 부분들에 대한 투자와 같은 좀더 포괄적인 부분에 의해 결정되는 경향이 있다. 다른 요소들에 의해 지속적으로 투자를 외면당해 온 것에 대한 불확실성, 불안정성, 우려로 인해 역사지구에 자본을 투자하려는 개인투자자들이 망설이는 것이다. 재투자를 촉구하는 지역정부에 의한 확고한 해결방안은 종종 개인투자자들을 유치하는 데 있어 촉매역할을 한다.

> 건축적인 혹은 역사적인 관심으로 인해 보존지구를 지정하는 것은 토지를 둘러싼 물리적인 주변 환경이 더 확보되기 때문에 토지가치가 상승한다.
>
> -Issues Facing Valuers in the Appraisal of Historic Buildings

> 특히 (역사적) 가능성이 있는 구역들을 목표로 할 때, 역사보존을 선호하는 명확한 공공정책은 확실성과 함께 투자에 필요한 안정성을 제공한다. 세제혜택 프로그램과 결합한 지역의 역사지구 지정은 구매자들, 사업체들, 금융기관들에게 매력적이며, 적절한 신축공사와 토지사용들을 보증하고, 이웃지역사회를 강화시키는 명확한 정

체성을 창조하는 것은 물론 상업지구로 관광객을 이끈다.

- Forum Journal, “Economic Incentives for Historic Preservation in Oakland, California”

29. 지역에 대한 공공의 기여라는 관점에서 볼 때, 역사지구 조성은 효과적이다.

어떻게 하면 지방정부가 해당지역에게 그들의 역할을 보여줄 수 있는가? 장기적인 공공사업에 관한 예산을 할당해주기, 지역사회 내에 행정기관을 운영 및 유지하기에서부터 주택보유자, 토지소유자, 사업체운영자들에게 기술적이고 경제적으로 지원하기, 거리 정화하기, 쓰레기 수집, 낙서 지우기, 경찰경비인력 배당하기 등을 포함한 다양한 방법들이 있다.

하지만 이런 방법들 외에도 역사지구를 조성하는 것 역시 지방정부의 특정지역에 대한 헌신을 증명해 보일 수 있는 효과적인 방법이다.

지역단위 조정수단으로 역사지구를 조성하는 것은 시정부에 의해 시행되는 가장 첫 단계 정책들 중 하나였다. 그리고 관광정책과 역사건물 재활용의 활성화단계에서 도심지의 역사적 성격을 강조하기 위한 사후 정책결정에 관한 '정해진 수순(set the course)'을 가지고 있을 지도 모른다.

- The Economic Benefits of Preserving Community Character

30. 부동산의 가치는 역사지구가 조성되어도 영향을 받지 않는다.

역사보존에 관한 모든 경제적인 논의들 중 역사지구 내에 포함되어 있는 자산가치에 관한 영향력만큼 몇 가지의 사실들에 근거하여 상당히 많은 선택사항을 제공하는 논의주제가 없다. 심지어 외부인도 알려지지 않는 선택사항 중에서 측정수단이 되는 수도 있다. 역사지구 조성에 관한 토론 중 사람들은 다음과 같은 이야기를 듣는 경우가 있다. “내 토지의 가치는 줄어들 것이다.” “내 토지의 가치는 여기에서 살 만한 여유가 없을 만큼 오를 것이다.” “내 토지의 가치는 동결될 것이다.” “(역사)지구 내에 제약사항들 때문에 소수의 사람들만이 토지매매를 원할 것이다.” “제약사항들 때문에 더 많은 사람들이 구매를 원할 것이다.” 이렇게 말하는 사람들 중에서 그들이 지금 무엇에 관해 이야기 하고 있다는 것을 알고 있는 사람이 몇이나 될까?

이런 식의 논쟁이 되고 있는 의견에 관한 부분적인 이유는 부동산가치에 관해 어떤 행위가 유발하는 정확한 영향력(역사지구 조성을 포함하여)이 지역적인 현상이라고 생각하기 때문이다. 둘째로, 이런 혼란의 원인은 역사장소로 등록된 건물들과 지역 내 역사지구에 위치한 (일반) 건물들간의 차이점을 이해하지 못하기 때문이다.

본 저서에서는 지면의 한계로 인해, 역사장소로 등록된 문화재들에 관한 깊이 있는 언급은 할 수 없지만, 대신에 한 가지 메시지를 전달하기에는 충분하다. 토지에 관한 사적인 권리를 주장하는 사람들의 의견에 반해, 국가등록 역사장소(National Register of Historic Places)는 개인 대지소유자에게 아무런 제약도 주지 않는다는 사실이다! 토지소유자는 그것을 분할할 수도 있고 없애 버릴 수도 있으며 또는 아무런 처벌 없이 (자신이 원하는) 암갈색의 페인트로 칠할 수도 있다.

미국 내 모든 등록유산(national register)의 가치를 평가할 때, 변형에 관한 평가규정은 존재하지 않는다. 하지만 미국의 북부에 위치한 지역사회들이 소속된 역사지구에는 이런 식의 분석은 가능하다. 미국과 달리, 캐나다의 역사장소들은 국립유산지구 내에서 개별 토지들을 규제하는 다음과 같은 몇몇 규정들이 있으며, 다음 사항들을 발견하게 된다.

> 지난 20년 동안 캐나다 내에서 지정된 모든 유산지구(heritage district)에서는 잠정적으로 개발 가능성이 감소했음에도 불구하고 토지가치가 상승하였다.
>
> -Federal Heritage Buildings Review Office Code of Practice

미국에서 토지에 관한 제약들은 지역에 문화재로 등록된 경우나 혹은 지역의 역사지구 내에 포함된 경우이다.

> 수많은 개별 연구자들에 의해 시도된 다양한 방법론들을 사용하면서, 이 분석은 뉴저지(New Jersey), 텍사스(Texas), 인디아나(Indiana), 조지아(Georgia), 콜로라도(Colorado), 메릴랜드(Maryland), 남 · 북부캐롤라이나(North · South Carolina), 켄터키(Kentucky), 버지니아(Virginia) 등 여러 곳에서 실행되었다. 이 연구들의 결과들은 놀랍게도 일치했다. 지역역사지구들에서 주택가격의 가치는 광범위한 대다수의 경우에 대체적으로 일반 시장보다 현저하게 더 빠르게 책정되었고, 최악의 경우에도 일반 시장가격과 동등한 가격으로 평가되었다. 단순 대입해보면, 지역역사

지구들은 주택의 가치를 상승시킨다.

-CRM, "the (Economic) Value of National Register Listing"

플로리다(Florida) 전역을 통해, 18개의 역사지구들과 25개의 비역사지구들에 있는 주로 주거용도로 사용되는 주택의 평가가치들을 조사해 봤을 때, 역사지구 지정이 주택가치를 떨어뜨리는 경우는 없었다. 사실상, 적어도 15곳에서는 역사지구에 위치한 주택이 조사된 비역사지구들보다 상대적으로 더 높게 책정되었다.

-Economic Impacts of Historic Preservation in Florida

31. 흔히 역사지구 내에 위치한 토지들은 대체적으로 지역사회 내에서 발생하는 가치보다 더 빠르게 평가된다.

흔히 역사지구 내에 위치한 토지의 가치는 전반적으로 지역시장경제에서 평가되는 것보다 더 높은 비율로 상승하는 경향이 있다.

지역역사건물과 디자인평가(Design Review)는 시장에 확실성을 소개하고, 전반적인 경제경기를 향상시키기 때문에 사실상 토지가치를 향상시킬 수 있으며, 이는 모든 주택소유자들에게 혜택을 준다.

-The Economic Benefits of Historic Preservation in Colorado

정부재정관협회(Government Finance Officers Association)[15] 산하 정부재정연구센터(The Government Finance Research Center : GFRC)는 역사보존이 지역경제에 미치는 영향력을 산출 할 수 있는 방법론을 개발했다. 산출 과정은 "지역사회의 특성을 보존함으로써 얻어지는 경제적인 혜택(The Economic Benefits of Preserving Community Character)"이라는 제목의 책에 담겨있다. 이후 GFRC는 개발한 방법론을 갈베스턴(Galveston, Tex.)과 페레데릭스버그(Fredericksburg, VA.)에 적용해 보았고, 그 결과 "비교적 더 빠른 평가"(appreciate faster)라는 항목에 부합되었다. 그리고 출판물이 발간된 이후 몇 년 동안 수많은 다른 연구들이 착수되어 왔다.

15. 정부재정관협회(GFOA)는 미국과 캐나다에서 운영 중인 주, 지역, 지방정부 재정담당 관리들의 모임이다. (역자 주)

역사보존은 주택가치를 상승시킨다. 사바나(Savannah), 로마(Rome), 아테네(Athens), 티프톤(Tifton)에서 실시된 최근 연구들을 통해 역사지구의 지정이 흔히 비역사지구들에 있는 유사한 주택들보다 매년 더 높았다는 것을 보여주는 명백한 증거를 발견했다.

- The Economic Impact of Historic Preservation in Georgia

독립예산국(IBO : Independent Budget Office)[16]은 우리의 연구에서 주택과 이웃지역사회의 특성들을 조정한 뒤, 역사지구들 내에 있는 주택들의 시장가치가 역사지구 외곽에 있는 주택들보다 매년 더 높았다는 것을 보여주는 명백한 증거를 발견했다.

- The Impact of Historic Districts on Residential Property Values

유산의 지정으로 인한 부정적인 영향을 입증할 수 없음이 드러났다. 사실상, 유산으로 지정된 주택들에서 명확하고 건전한 시장이 있는 듯 보인다. 이 주택들은 일반적으로 볼 때 평균적으로 74퍼센트 혹은 평균가 보다 더 나은 가치로 시장을 잘 형성한다. 지정된 주택들간의 판매율은 동일하거나 혹은 끊임없이 유동적인 시장의 경향보다도 더 좋으며, 유산으로 지정된 주택들의 가치는 일반 시장에서 가격하락이 있을 때 이에 반발하는 경향이 있다.

- The International Journal of Heritage Studies, "Heritage Designation and Property Values : Is There an Effect?"

역사보존은 일반적으로 주택가치에 긍정적인 영향을 미치며, 역사주택으로 지정됨으로써 전체 주택 가격의 5퍼센트에서 20퍼센트 사이의 폭에서 증가한다.

- Urban Studies, "Historic Preservation and Residential Property Values : An Analysis of Texas Cities"

32. 역사지구 조성은 개인투자유치에 중요한 촉매역할을 할 수 있다.

(보존)반대론자들은 종종 역사지구의 조성이 지역 내에서 규정된 법안들이 포함하고 있는 규제에 의해 완성되었기 때문에 지역 투자환경을 위축시킬 수 있다고 주장한다. (하지만) 실상은 역사지구 조성으로 인해 흔히 투자가 촉발되는 등의 반

16. 독립재정사무국(The Independent Budget Office)은 비정치적, 재정적, 경제적, 정책적 분석을 통해 주민들에게 뉴욕(New York)의 재정업무에 관한 이해를 증진시킬 목적으로 설립된 공익부서이다. 독립재정사무국(IBO)는 특정 개인이나 단체에게 보고를 하지 않으며, 대신 뉴욕의 시민들에게 보고해야 하는 의무가 있다. (역자 주)

대 현상이 일어난다. 덴버(Denver)에 위치한 하부 도심 역사지구(LoDO : Lower Downtown Historic District)[17]의 경우가 그렇다.

▶ Louisville, Kentucky

> 로도(LoDO)는 지역 내 역사건물들을 위해 가장 엄격한 보호장치에 의해 운영되고 있다. 하지만 이 지역은 도시 내에서 가장 뜨거운 부동산시장이다. 로도(LoDO)는 이 같은 규제가 이곳에 정착되기 전까지는 빈곤에 허덕이던 곳이었다.
>
> - Why is Historic Preservation Considered to be in the Public's Best Interest?

로도(LoDo)의 지역사회는 아주 흥미로운 경우라고 할 수 있다. 토지소유자들은 역사지구 조성이 투자를 위축시키고 토지가치를 내릴 것이라고 걱정했다. 그들의 우려 때문에 이 지구의 일반적인 경제적 가치평가를 위한 법안이 5년이 지난 시점에서 마련되었다. 그 결과는 어떠했을까? 덴버시에 위치한 다른 지역들이 토지가치 하락과 함께 부동산경기의 침체, 휴업, 고층건물들의 임대곤란 등의 상황에 직면했을 때, 로도(LoDo) 지역은 투자유치에 성공하였다. 수백가구의 주택들이 들어섰고, 새로운 사업들이 창업했으며, 건물 보수도 활발하게 진행됐다.

> 하부도심역사지구(Lower Downtown Historic District) … 는 도시 내 다른 지역보다 경제적으로 훨씬 (투자에 대한) 대접을 받을 수 있는 곳이 되었다. 역사지구로 지정된 2년 동안 114개의 새로운 사업들이 450여 개의 새로운 일자리를 창출했다. 대다수의 덴버시에 위치한 지구들이 극심한 경제적인 어려움을 겪고 있을 때, 로도(LoDO) 지구에서는 놀랄 만큼 많은 새로운 사업활동이 이루어졌다.
>
> - Lower Downtown : Economic Impact of Historic Distirct Designation

LoDo의 사례뿐만 아니라 미국 전역의 다른 역사지구의 성공에서도 또다른 교훈들을 얻을 수 있다. 단순히 역사지구를 조성하는 행위가 즉흥적인 투자유치로 이

---

17. 로도(LoDo)는 콜로라도(Colorado) 주에 위치한 덴버(Denver)의 가장 오래된 정착지구인 하부도심지역을 일컫는 용어이다. 이곳은 심야활동으로 잘 알려진 복합용도의 역사지구이며, 미국 내 도심지역의 재투자와 활성화에 있어서 대단히 성공적인 사례로 꼽히고 있다. (역자 주)

어지지는 않는다. 역사지구를 조성하는 것은 (경제적인 성공을 이끌기 위해) 필요한 여러 가지 절차와 방법 중에서 하나일 뿐이다. 성공적인 역사건물 재활용에 관한 노력은 종종 사업과 연계된 프로그램들, 세금감면정책, 낮은 이율의 대출프로그램, 디자인과의 연계, 홍보활동, 그리고 역사지구 조성을 지원할 수 있는 다른 장치들의 주최가 필요하다.

지역정부에 의한 역사적으로 중요한 주택 혹은 지역사회의 지정은 재투자를 활성화시키고, 건물 혹은 지역사회의 건축적이고 역사적인 성격을 보호한다.

-The Economic Benefits of Historic Preservation in Colorado

33. 상당히 많은 경우에, 역사지구들은 시장경제 내에서 발생하는 동요로부터 토지들을 보호해 준다.

▶ Denver, Colorado

역사지구로 흘러들어오는 투자와 지역시장을 앞서가는 역사지구 내 평가율의 명확한 사례가 있는 반면, 전형적인 결과는 더욱 단순하다. 결국 이런 단순한 결과는 더 많은 가치를 부여해 주는 역할을 한다. "제약(Restriction)"이라고 하는 꼬리표보다는 보호(Protection)라고 불리는 것이 더 적절할 것이다. 역사지구 내에 위치한 토지들이 가장 잘 보호될 수 있는 경우는 바로 종종 발생하는 불규칙한 경기변동상황에서다.

간단히 말해, 역사지구들은 요동치는 토지가치의 변화로부터 확실한 수준의 보호를 받을 수 있는데, 아마도 그것은 역사지구라는 공식적으로 인정되고 보호되는 곳에 대한 투자자들의 심리적인 확신이 (타 지역보다) 더 강하기 때문일 것이다.

-Journal of the American Planning Association, "The Impacts of Historic District Designations : Planning and Policy Implications"

이런 투자자들의 확신은 어디서 오는 것일까? 그것은 바로 자신이 상업용도의

36. "도시로의 회귀"를 표방하는 움직임이 있는 곳에서는 반드시 "역사지구로의 회귀"가 이루어져 왔다.

▶ Washington, D.C.

표지기사를 담당하는 편집자의 의도에 따라서 "도시로의 회귀(back to the city)" 움직임은 아주 그럴싸해 보이거나 무슨 일이 발생할 지에 관한 핵심을 지나쳐 버리거나 혹은 결코 일어나지 않을 것처럼 느껴진다. 현실에서 대도시로의 회귀에 관한 움직임은 나라 전체에 폭넓게 그리고 다양하게 변화되어 왔다. 어떤 곳에서는 중산계층인 아프리카계 미국인들의 적극적인 도심지로 이주가 있었다. 다른 곳에서는 특정한 곳에 소속되어 살기를 거부하는 여피족(yuppie)[18]도 있었다. 예술가들, 디자인 전문가들, 배우들, 그리고 수많은 동성애자 집단들이 미국 내 존재하는 거의 모든 도심에 모여 거주하고 있다.

도시거주민이 된 사람들의 숫자와 이 같은 움직임의 비율은 도시마다 매우 다양하게 나타난다. 그러나 이 와중에도 하나의 일관된 것이 있는데, 도시를 향해 달려들었던 거의 모든 사람들이 역사적인 지역사회 내로 향하고 있다는 사실이다. 이것은 우연의 일치가 아니다. 사람들을 끌어 모으는 것은 도시만이 아니다. 사람들을 끌어당기는 독특한 특색 있는 이웃들과 생활의 질(質)도 유사한 역할을 한다.

> 워싱턴(Washington, D.C.)은 지난 50년 동안 매년 인구가 감소했다. 하지만 모든 지역사회에서 인구가 감소한 것은 아니었다. 도시 전체 인구가 줄어들고 있는 동안, 사실상 일부 지역사회에서는 인구가 늘어났다. 어떤 지역사회였을까? 바로 역사가 오래된 지역사회이다. 워싱턴이 35,000명의 주민들을 잃었을 당시인 1990년대의 10년 동안 워싱턴의 25개 역사지구들은 다양한 기준으로 주민들을 늘렸다. 도시의 나머지 지역사회가 역사지구들의 비율로 성장했더라면, 워싱턴의 2000년도 인구수는 572,000명에서 621,000명이 되었을 것이다.
>
> -Planning for the Future, Using the Past : The Role of Historic Preservation in Building Tomorrow's Washington, D.C.

18. 도시(근교)에 사는 화이트칼라의 젊은 엘리트층에 속하는 사람을 일컫는 말. (역자 주)

만약 도시공무원들이 도시로 사람들(납세자들)을 끌어들이기를 원한다면, (공무원들이 절대로 원하지 않는 것이기는 하겠지만) 역사지구에 거주하는 이웃들을 유지하는 것이 절대적으로 필요하다.

> 지난 10년 동안 인구가 감소한 도시중심지들의 인구경향은 그 자체로 역전되어가고 있다. 도시의 삶은 다양한 이유로 인구가 증가하고 있다. 일부 미국인들은 교외거주에 대한 환상이 깨졌다. 이들은 부분적으로 메인 스트리트 지구(Main Street District)로 눈을 돌리고 있다. 왜냐하면, 이들이 (사각형의) 쿠키를 잘라놓은 듯 보이는 분양용도 주거지의 무미건조함보다 더 호소력 있는 역사건물들의 매력과 개성을 발견했기 때문이다.
>
> -Main Street News, "Upstairs Downtown"

> 역사보존과 재활용의 주요 원인은 국가의 인구변화와 함께 도시의 삶에 대한 대중들의 새로운 관심에 있다.
>
> -Urban Land, "Historic Reuse"

37. 신축과 역사보존 사이에서 반드시 한쪽을 선택할 필요는 없다.

역사보존은 종종 "이거 아니면 저것"이라는 선택적 함정에 놓이는 경향이 있다. (예를 들면) "우리가 그런 오래된 건물들을 보존하거나 혹은 멋스러운 새 건물을 짓거나"와 같은 경우이다. 하지만 이처럼 한 가지 대안만이 존재하는 경우는 없다. 가장 세련된 역사구조물들과 가장 강력한 보존과 보호법령들이 존재하는 찰스턴(Charleston), 산타페(Santa Fe), 뉴욕(New York), 샌프란시스코(San Francisco), 워싱턴(Washington)과 같은 도시에서 새로운 건물들은 도시의 환경을 만들어내는 중요하고 놀라운 역할을 한다.

하지만 (이러한 조화를 이루기 위해서는) 의사결정을 하는 지역공무원들의 자발적인 노력이 필요하다. 그리고 때로는 (신축과 관련한) 의사결정과정에서 "아니요(no)"라는 결론을 낼 필요도 있다. 강력한 보존정책이 항상 새로운 건물들이 들어서서는 안된다는 것을 의미하는 것은 아니며, (다만) 개발업자가 새 건물을 세우고 싶어 하는 곳이면 어디에나 반드시 신축건물이 세워질 필요가 없다는 것을 의미하는 것이다.

많은 수의 신축건물들이 한 블록 정도 떨어진 빈 땅에 지어질 수 있는 경우에도 역사건물들이 들어선 땅 위에 세워졌다.

- Atlanta developer Frank Howington

보존운동은 미국의 과거에 대한 성찰의 기회가 되었다. 지역사회건물의 브존윤리가 강화되고 발전하기 때문에, 25년 전에는 그냥 쓰고 폐기할 수 있었던 건둘들이 지금은 자동적으로 재활용되는 추세이다.

- Forum Journal, "Preservation and the Public Realm"

38. 주차공간을 확보하기 위해 역사건물을 해체하는 행위는 거의 대부분의 경우에 경제적 이윤을 창출하지 못한다.

건축적 아름다움 때문에 역사보존을 옹호하거나 건물과 관련된 역사 혹은 도시 내 인간적인 스케일 때문에 역사보존을 옹호하는 사람들은 역사건물이 무너지는 것을 볼 때 마다 슬퍼진다. 경제적인 논의로부터 보존에 대한 관심이 시작된 우리 같은 사람들은 주차공간을 확보한다는 명목하에 역사건물이 사라져 가는 것을 보면 슬퍼지거나 혹은 좀더 정확하게 이야기 하면 화가 난다. 지역정부들에 의해 승인된 행위들 중 지상 주차공간을 확보하기 위해 역사건물을 철거하는 것보다 더 이상하고 재정상으로 무책임한 일은 아마 없을 것이다.

▶ Charleston, South Carolina

하지만 이런 주장은 우리가 주차공간이 필요하지 않다거나 혹은 자동차가 필요하지 않다는 이야기가 아니다. 물론 우리는 둘 다 필요로 한다. 하지만 주차는 도시가 앓고 있는 문제점들을 위한 만병통치약처럼 보이지는 않으며, 결코 그렇게 될 수도 없다.

여기 아주 일반적인 경우 하나를 살펴보자.

도심 내에 10,000평방피트 넓이의 빈터에 5층짜리 건물 한 동이 서 있다. 도심 내에서 부동산은 1평방피트당 20달러의 가치를 갖는다. 상업에 종사하는 사람들과 토지소유자들은 시청이 그 빌딩을 확보해야 하고, 그것을 주차공간으로 활용해야 한다고 주장한다. 사실상 건물 소유주는 그의 건물이 속한 땅만의 가치를 계산하여 팔려고 하고 있다. 어떻게 시정부가 이런 제안을 거부할 수 있겠는가?

토지의 가치 :	10,000 s.f. × $20 = $200,000
건물해체에 소요되는 비용 :	50,000 s.f. × $5 = $250,000
토지매립과 표면치장비용 :	10,000 s.f. × $6 = $60,000
주차장 건립에 소요되는 총비용 :	$510,000
제공할 수 있는 주차공간수 :	25 ~ 30개
각 주차에 소요되는 공간당 소요비용 :	$17,000 ~ $20,400

자, 이제 이렇게 물어보자. "당신은 1개의 주차공간당 $17,000을 지불할 용의가 있습니까?" 아주 열성적으로 주차장 공간의 증설을 주장했던 사람이라도 "아니요"라고 대답할 것이다. 그리고 이와 같은 아주 단순한 분석으로도 이런 상황이 실행 불가능하다는 점을 깨닫게 될 것이다. 건축적 혹은 역사적인 중요성을 갖는 건물이라는 사실을 제외하고라도, 주차장을 건립하기 위해 기존의 건물을 붕괴하는 것은 이처럼 재정적으로 무책임한 행위이며, 경제적으로도 비이성적인 행동이다.

- The Economics of Rehabilitation

만약 건물들이 보존되지 못하고 주차장 건립을 위해 해체 되었더라면 토지세수(稅收)가 수백만 달러 정도 더 낮아졌을 것이다. 다행히 포틀랜드(Portland)의 사업체들과 시민대표들은 1980년대 경제불황의 시기에 주차장을 건립할 목적으로 사라질 위기에 처했던 희소성 있는 보물들을 지켜야 한다는 안목이 있었다. 이런 역사건물들의 보존과 함께 역사보존이 포틀랜드에 준 혜택 중 또다른 하나는 미래에 행해질 신축공사를 위한 선택의 여지를 보존했다는 것이었다.

- Portland developer Bill Naito

역사지구들은 보행지구이다. 건물 앞에 당신의 차를 주차해 두는 것이 여의치 않을 것이다. 우리는 우리가 할 수 있는 곳에 주차공간을 확보해야만 하지만, 주차공간을 만들기 위해 역사지구를 파괴하지는 않는다.

- Miami Beach Councilwoman Nancy Liebman

39. 재활용된 역사건물들의 기대수명은 신축건물보다 더 오래갈 수 있다.

때때로 보존사업에 반대하는 쪽에서는 아주 우스꽝스러운 모습을 보여준다. (일반적으로 어떤 현안에 대한) 대안들이 시의회 (혹은 카운티위원회, 주의회, 학교이

사회)에 제출된다. 한 가지 대안은 신축을 하는 것이고, 나머지 하나는 기존의 구조물을 재활용하는 것이다. 한 의회의 회원은 "좋다, 하지만 우리는 지금부터 30~40년 후에도 여전히 이런 노화된 건물을 보유하게 될 것이고, 다시 그 건물을 재활용하게 될 것이다."라고 말할 것이다. 물론 이 회원의 말은 타당하고 아마도 실제로도 그럴 것이다. 자산으로써 건물의 본질은 이들이 주기적으로 재투자를 요구한다는 것이다. 그러나 그 대안에 관해서는 어떤가? 오늘날 공무원들은 30~40년 전에 지어진 건물들을 밀어버리는 광범위한 결정을 하는 데 더 많은 어려움을 겪는다. 왜냐하면 (역사건물의) 불충분한 건물의 질은 건물 재활용에 의해 (존립의) 정당성을 가지고 남아 있기 때문이다. 역사보존은 건물에 새로운 생명을 불어 넣으며, 종종 신축건물보다 더 오랜 기대수명을 제공한다.

> 현재 지어지는 많은 건물들의 기대수명은 30~40년이며, 재활용된 혹은 복구된 건물들의 평균수명과 비교해 볼 때 상대적으로 더 짧다.
>
> -Federal Heritage Buildings Review Office Code of Practice

> 100년 전의 건축기술은 압도적으로 하중 등에 견뎌야 했기 때문에, 외부 정면들의 벽은 수많은 하중을 전달했고, 오래된 건물들은 더 단단하고 내구적인 저료들로 지어졌다는 사실을 알게 된다.
>
> -Construction Contractor, "Perspective on Heritage Values"

40. 유지 및 관리가 잘 되어왔던 오랜 역사를 지닌 관공서 건물들은 공공자금을 아껴준다.

대부분의 지방정부들은 그들이 수행해야 할 업무를 위해 학교들, 공공주택개발 사업들, 도서관들, 사무용 건물들을 필요로 한다. 이런 자산들은 수입을 창출하기 위해 사용되는 것이 아니라, 지역주민들의 다양한 요구를 충족시키기 위해 필요한 것이다. 이런 건물들

▶ Beloit, Wisconsin

과 관련하여 주로 생각해 봐야 할 사항은 다음과 같은 세 가지이다. ① 건물들이 용도에 적절하게 사용될 수 있는가? ② (구조적으로) 안정한가? ③ 유지 관리가 경제적인가? 지방정부들은 이 같은 매우 합법적이고 공공적인 논의들을 이야기할 필요가 있다.

종종 관공서 건물들의 세부항목들은 몇 가지 점에서 역사와 관련한 것을 포함한다. 공무원들이 '역사건물들이 목적에 부합하는 기능을 제공해 줄 수 있는가, 구조적으로 안정적인가?' '경제적인가?' 등에 관해서 묻는 것은 아주 올바른 사고이다. 적절하지 못한 것은 바로 건물 점검자, 건축 자문위원, 혹은 공적영역에서 일하는 감독관들이 적절한 상황판단 없이 "아니요"라고 말하는 경우이다.

미국 연방정부의 총무청(General Services Administration : GSA)[19]를 제외한다면, 아마도 미국 국방부(Department of Defense : DOD)보다 더 많고 다양한 건물들을 관리하고 있는 기관은 없을 것이다. 군대는 주택, 상점, 공항, 도서관, 건물유지 시설물, 사무실, 여가시설 등 모든 종류의 건물들을 소유하고 있으며, 사실상 지방정부의 어느 부서보다도 다양한 건물들을 소유하고 있다. 하지만 국방부도 지방정부와 마찬가지로 현재 심각한 예산부족의 압박에 시달리고 있다.

따라서 미국 국방부(DOD)는 자체 감독하에 역사건물들의 체계적인 점검에 착수하기로 결정했다. 군대에서 (건물을 사용할 때) 고려하는 점들은 지방정부와는 다르다. 이 건물이 올바르게 기능할 수 있는가? 구조적으로 안정한가? 비용절감에 효과적인가? 라는 등의 항목이 바로 그것이다. 이런 질문들에 관해 알아낸 사실들이 여기 있다.

부정적인 영향들이 문화자산들과 연관되어 거론되는 경우 그것은 문화자산 자체의 물리적인 결함 때문이 아니라, 오히려 일반적으로 잘못된 계획의 결과이다. 관련 연구를 통해 다음과 같은 사항들이 밝혀졌다.

- 올바르게 관리될 때 문화자산은 어떤 필요한 임무에 대해서도 효과적으로 사용될 수 있다.
- 문화자산의 보존은 국방부의 자원을 관리하는데 경제적이면서도 에너지 효율적이다.

---

19. 미국 총무청(The General Services Administration)은 미국정부의 독립기구로, 1949년에 연방기구들의 기본적인 기능을 지원하고 유지할 목적으로 설립되었다. 총무청이 미국 정부의 사무실을 위해 제공한 물적 지원과 의사소통의 일환으로 연방 직원들에게 사무실과 교통편을 제공한다. 특히, 총무청 산하에 있는 역사건물센터(Center for Historic Building)에서는 각 주에 분포한 오래된 정부소유의 관공서의 유지, 보존 및 재활용에 관한 프로젝트를 진행하고 있다.

• 문화자산은 과거와 현재의 군인 개개인뿐 아니라 국방부 외부의 지역사회에도 강력한 사회적이고 감성적인 의미를 갖고 있다.
• 문화자산은 군이 제공하는 서비스를 통해 교육적인 도구로 활용될 수 있다.
• 문화자산의 보존은 현재 국방부가 겪고 있는 재정한계상황을 고려해 볼 때, 타당하고 영구적이다.

-The Benefits of Cultural Resource Conservation

미국 국방부가 역사자원이 "군인 개개인에게 강한 사회적·감성적인 의미를 가지고 있다"는 점을 (문화자원 보존이 주는) 추가적인 혜택으로 인식하고 있음을 감안할 때, 지방정부들 역시 이 같은 혜택이 시민들에게 돌아간다는 사실을 분명하게 인식할 수 있을 것이다.

역사건물들에서 임대 가능한 평방피트(ft^2)당 전반적인 운영비용은 비역사건물들 보다 10퍼센트가 저렴하다. 세척비용은 9퍼센트 더 저렴하고, 유지비용은 10퍼센트 더 저렴하며, 시설관련 공공 비용(수도, 가스, 전기 등)은 27퍼센트 더 저렴하다.

-Forum News, "The Economics of Preserving Historic Federal Buildings"

41. 역사건물을 재활용하는 것은 비용절감효과와 더불어 에너지보존 차원에서도 효과적이다.

역사건물을 재활용하는 것은 81번에서 논의될 주제나 이 책의 다른 여러 곳에서 언급된 것과 동일한 이유로 신축공사와 비교해 볼 때, 소요 비용면에서 경쟁적인 대안이다. 그러나 비용의 경제성 이외에도 에너지 비용에 관한 내용도 경쟁적인 요소가 된다. 여기서 언급된 에너지라는 개념은 건물을 해체할 때 혹은 신축할 때 소요되는 양에 의해 측정되는 것이 아니며, 현재 구축된 주변 시설들에서 얻을 수 있는 "구체적인 에너지"를 말하는 것이다. 사람이나 기계 모두 에너지를 필요로 하며 건물의 벽을 구성하는 벽돌을 만드는 데에도 에너지가 필요하다. 이런 구체적인 에너지는 건물이 허물어지는 순간 사라져버린다. (이런 에너지 파괴행위를 하는 와중에도 우리는 장기적인 에너지 부족에 관해 걱정한다.)

환경을 이따금씩 걱정하는 사람들이 아니라면, 개인이 건설에 소요되는 비용을 산출하는 과정에서 구체적인 에너지의 개념을 고려할 것 같지는 않다. 공공기관들은 희소한 자원의 수호자가 되어야 한다. 다시 한번 예를 들면, 미국 국방부는 이런 관점을 다음과 같이 효과적으로 지적했다.

> 또한 현재 운영지침에 부합하는 역사시설물들의 재활용과정은 신축보다 에너지소비가 덜 하다. 심지어 대규모의 수리·증축 또는 변경이 건물 활용 측면에서 혹은 에너지보존의 목적으로 요구되더라도 일반적으로 볼 때 역사구조물을 대체하는 신축이나 해체보다 훨씬 적은 양의 에너지를 필요로 한다.
>
> -The Benefits of Cultural Resource Conservation

> 역사보존의 실천은 환경과 에너지보존에 상당한 기여를 할 수 있다… 대부분의 역사건물들은 1970년대에 지어진 건물들보다 더 저렴한 공공비용이 지출된다. 역사건물들은 두껍고, 단단한 벽으로 지어졌기 때문에, 그 결과 더 우수하게 열을 축적할 수 있다. 일반적으로, 더 넓은 보온체(thermal mass)는 단열을 향상시키고, 따라서 보온과 냉방에 더 적은 에너지를 요구한다.
>
> -Forum News, "The Economics of Preserving Historic Federal Buildings"

> 최초 공사에서 사용된 건설재료들과 천연자원들은 효율성을 유지하며, 재입주는 그 자체로 신축공사보다 더 적은 에너지와 원자재들을 사용한다.
>
> -Forum Journal, "Economic Incentives for Historic Preservation in Oakland, California"

42. 역사보존은 지역사회의 적극적인 참여를 유도할 수 있다.

미국 역사에서 정치이론가들은 대부분의 경우에 정치진행의 효과적인 운영을 위한 대중참여의 중요성을 강조해 왔다. 같은 시기에 실시된 지역사회에게 영향을 줄 수 있는 경제적인 결정에 관련한 대부분의 경우에는 대중의 참여를 고려하지 않았다. 이런 결정들은 주로 법인의 이사회 집무실, 은행가의 사무실, 상회의 본사건물에 위치한 사무실에서 결정되었다. 우리는 이와 같은 시스템이 옳았는지 틀렸는지에 관해 논쟁을 할 수도 있지만, 시대가 이미 엄청나게 변했다.

▶ Vancouver, Canada

오늘날 경제적으로 앞서 나가는 지역사회들

은 경제적인 의사결정과정에 높은 참여과정을 보여주는 곳들이다. 때때로 이런 과정은 "공공·개인간의 협력관계(public/private partnership)", "지역사회 비전(community visioning)", 혹은 국가 차원의 메인 스트리트 기관이 관련되어 있지 않더라도 "메인스트리트 운동(Main Street Approach)"라고 명명된다. 정치학자들은 참여의 폭과 깊이를 측정할 수 있으며, (물론 이것은 어디까지나 경제적으로 발전된 지역사회에서나 가능한 일이다.) 시민들은 그들의 도시가 처할 경제적인 미래를 결정하는 과정에서 임무를 부여 받기도 하고 요구하기도 한다.

> 위험한 요소는 바로 무작위적인 프로젝트들이 일관된 개발계획과 비전을 추가하지 않는다는 점이다. 사실상 일관된 비전이 없는 상태에서 관광객의 수, 관련 사업들, 창출될 수 있는 직업의 개수 등과 같은 제한된 기준들을 제외하고 다양한 프로젝트들을 최적화시킨다는 것은 힘든 일이다. 비전을 개발한다는 것의 의미는 지금으로부터 10년 혹은 20년 후에 자신들이 속한 지역사회가 어떤 모습을 가지게 될 것인가에 관해 시민들의 의견을 계획가에게 요구하는 절차이다.
>
> -Marketing Places

이따금 이런 참여는 대도시 차원에서 이루어지기도 하고, 드문 경우이기는 하지만 지역 차원에서 이루어지기도 한다. 하지만 역사보존은 참여의 정도나 지역적인 범위에 상관없이 이 과정에서 중요한 역할을 한다.

> 최근 연구들을 통해, 미국인들이 이웃들과 지역사회들에 다시 결속되기를 갈망하고 있지만, 그들의 갈망이 일어날 장치들과 장소들이 거의 없다는 것이 입증되었다.
>
> -Forum Journal, "Heritage Areas : Connecting People to their Place and History"

> 왜 역사보존과 지역사회 경제개발 사이의 거래가 필요한가? 한 가지 이유는 역사보존은 (다fms 지역과 구별되는) 독특한 역사, 건축 또는 지역사회의 특색을 지켜준다. 역사지구로 지정됨으로써 지역사회는 법적인 보호와 (보존과 관련해서) 모든 제안된 작업들에 관한 견해를 제공받을 수 있다. 또한 역사보존은 지역사회 스스로가 이웃들과 관련된 계획에 참여할 수 있도록 이끌어 주고, 불건전한 변화를 조절할 수 있게 해 준다… 그리고 역사보존은 지역사회에 건물들과 주택들을 저렴한 가격에 제공할 수 있는 효과적인 방안이다.
>
> -Historic Preservation as a Means of Community Economic Development

43. 역사보존은 지역사회와 거주민들 사이에 연결고리 역할을 할 수 있다.

지역에서 나오는 안정적인 세금을 바탕으로 하는 성공적인 경제개발과 지역사회의 참여 사이에는 적어도 하나의 공통점이 존재한다. 바로 지역사회와 거주민들 간의 유대감이 필요하다는 것이다. 대다수의 미국 역사를 통해 볼 때 사람들은 일자리를 따라 이동한다. 시골에서 도시로의 이동, 남부에서 북부로의 이동, 오클라호마(Oklahoma)에서 캘리포니아(California)로의 이동들은 일자리를 찾아 사람들이 이동한 것에 기인한 것이다. 오늘날에는 일자리들이 사람들을 찾아 움직이고 있으며, 우리들 중 대다수는 원하는 어디든 갈 수 있다.

만약 우리가 집단의 일원으로서 자신이 속해 있는 지역사회와의 소속감을 느끼지 못한다면, 조만간 (다른 지역사회를 찾아) 그냥 떠날 지도 모른다. 새로운 공단의 조성을 위한 회사 수장의 집무실에서 결정된 계획들, 시장이 만든 예산안, 여성유권자단체에서 지지하는 후보자 포럼 등도 토론대상이 될 수 있다. 이런 것들 중 어느 것이든 (토론대상이) 된다면 수많은 개인들이 지역사회에 소속감을 느끼게 될 것이다. 역사보존은 이 같은 결합을 이끌어내고 유지할 수 있는 가장 효과적인 방법이다.

> 그렇기 때문에 여러분들 중 보존운동가들을 단지 발전을 방해하는 사람들로만 생각하고 있는 분들이 있다면, 발전이라는 개념이 어떻게 정의될 수 있는가에 관해서 생각해 보기를 권합니다. 결국 역사보존 보다도 더 경제적인 건강함과 활력을 목표로 표방하고 있는 정책들은 그리 많지 않습니다.
>
> -Why is Historic Preservation Considered to be in the Public's Best Interest?

> 복원된 도심부와 주거단지들은 주민들이 도시 자체에 관해 그리고 거주민에 관해 걱정하고 있다고 느끼게 해주는 도시에 살고 있는 시민들과 교감한다.
>
> -Economic Benefits of Historic Preservation : Impact of Historic Preservation on Local Economies in Georgia

제 5 장

도심지 활성화 방안으로서 역사보존
Historic Preservation as Downtown Revitalization

44. 도심 내 상업지구는 대부분의 지역사회에게 역사 중심지이며, 건강한 도심은 지역사회의 경제적 풍요에 필수적인 요소이다.

지난 20여 년 동안, 도심지의 경제적인 체질개선은 대다수 미국 도시들의 가장 효과적인 경제개발전략의 핵심이 되어왔다. 그리고 역사보존은 성공적인 도심지 활성화 노력에서 언제나 중추적인 요소이다.

▶ Concord, New Hampshire

전미 도시협회에 의해 조사된 시장들과 경제개발 전문가들에 관한 보고서에 따르면, 도심 활성화는 경제개발 노력의 가장 일반적인 목표일뿐만 아니라, 가장 많은 성공을 거둔 영역이기도 하다. 더욱이 이런 전문가들이 보고했던 45개에 달하는 다른 경제개발수법들 중에서 역사보존은 7번째로 가장 빈번하게 사용되는 전략이었다.

상업지역은 매우 명확하게 지역사회의 진화, 역사, 다양성, 그리고 다른 지역과의 차별성 등의 과정을 보여준다. 역사적으로 구축된 환경은 이런 (도심부의) 질(質)을 가장 잘 이야기해주는 수단이다.

> 미국의 상업지역들은 예상하지 않았던 일종의 부활을 경험하고 있다.
>
> - A Rise in Downtown Living

> 사람들은 가치, 질(質), 고도의 개인적인 서비스를 제공해주는 독특한 환경에서 쇼핑하기를 즐긴다. 이런 자산들은 모두 상업지역들에 있다. 상업지역의 전통적인 건물들은 지역사회 어디와도 견줄 수 없는 수준의 질을 보여준다. 그리고 이 지역의 상업건물들은 지역사회의 역사를 보여주기 때문에 전통적인 상업환경은 쇼핑객들로 하여금 편안함을 느끼게 한다.
>
> - Main Street News, "Enhancing Downtown's Sense of Place"

45. 도심지는 지역사회와 관련한 (공공)기관 수뇌부(Institutional leadership)가 위치하는 중심지이다. 경제적으로 건강한 도심지의 출현은 이런 공공 수뇌부의 질적인 부분을 직접적으로 반영함으로써 알 수 있게 된다.

대부분의 도시에서 (공공)기관 수뇌부는 도심지역에 집중되어 있다. 지역정부, 경제 기관들, 실용품 회사들, 지역신문, 주요 법안, 회계 그리고 부동산회사 등이 일반적으로 도심부에 위치해 있다. 이런 공공기관들 중 상당수가 지역사회의 가장 중요한 역사건물들 내에 위치해 있다.

지역사회에 소속되려고 계획하고 있는 회사들은 도심지를 점점 더 고려하고 있으며, 의사결정과정에 있어 중요한 요소로 (지역사회의) 경제적이고 물리적인 환경의 충실도(health)를 고려한다. 이런 회사들 중 소수가 도심부로 향하고 있으며, 종종 공단이나 혹은 다른 지역에 위치하기도 한다. 그러나 도심지의 경제적 건전성과 회사건물의 확장과 공공공간의 물리적인 모습은 지역사회 내 공공 수뇌부의 질적인 면을 보여주는 척도가 되기도 한다.

> 상업지구는 대부분 도시지역에 있는 어떤 다른 장소보다도 지역적인 경계를 넘어 잘 확장하면서, (문화)유산과 폭넓은 계층에 있는 사람들의 경험들을 많이 반영하고 있다.
>
> - Main Street News, "Enhancing Downtown's Sense of Place"

> 회사가 도심 외곽에 위치할 계획을 세우고 있더라도 도심과 관련된 회사의 이미지는 주로 도심지의 외관에 의해 조성된다.
>
> - Citistates : How Urban America Can Prosper in a Competitive World

46. 도심지가 쇠락하도록 방치하는 것은 납세자들의 돈으로 구축된 기반시설 (infrastructure)의 활용 저하를 가져온다.

전국적으로 납세자들은 자신들이 선출한 대표자들이 재정적인 책무를 다하고 희소한 공공자금의 지출을 함에 있어 검소해지기를 바란다. 오늘날 도심지 활성화 프로그램을 가지고 있지 않거나 역사건물들을 재활용하는 프로그램이 없는 어떤지 방정부도 납세자들이 낸 세금을 절약하기 위해 모든 방법을 동원했다고 말하기는 힘들다.

사실상 모든 지역사회가 이미 도심지, 보도, 상하수도, 주차장, 신호등, 다른 주변 시설들에 막대한 투자를 해 왔다. 사용되지 않은 채 비어 있는 건물들이 방치되어 있는 도심지는 이미 투자된 (시민의 세금을) 낭비하고 있는 것이다. 이와 같은 현상은 금요일에만 순찰을 도는 경찰차를 구입하는 행위나 일주일에 이틀만 일하는 판사에게 한 달 치 월급을 지불하는 행위와 다름없다. 당연히 납세자들은 공공정책에서 이런 행위를 지지하지 않는다. 점점 더 많은 지역사회들이 도심지 활성화와 역사구조물의 재활용이 주변 시설물들에 대한 막대한 투자낭비로부터 빠져나올 수 있는 유일한 해법이라는 것을 인식하고 있다.

대다수의 공공시설물들은 공통적인 성격을 가지고 있는데, (시설물들의) 유효기간이 사용빈도보다는 오히려 사용기간에 의해서 결정된다는 점이다. 보도 혹은 상수도는 보도를 이용하는 수많은 사람들 및 많은 양의 물을 사용하는 것과는 별도로 수년마다 정기적으로 교체되어야 한다. 회계적인 관점에서 보면 교훈은 명확하다. 만약에 우리가 공공시설물들을 빈번히 사용하지 못하고 방치되도록 한다면 (그것들을) 사용하는 데 우리가 지출해야 하는 비용은 치솟는다. 도심지가 총수용 용적의 30, 40 혹은 50퍼센트 정도만 사용될 경우 지역사회는 매일 납세자들의 세금을 버리게 되는 것이다. 도심지 활성화 그리고 도심지의 역사건물들을 재활용하는 것은 지방정부가 취할 수 있는 가장 효과적인 재정적 책무를 다하는 방법이 될 수가 있다.

> 요구조건을 충족하는 기존의 방치된 건물들에 대한 재활용방안은 주로 기존의 주변 시설물들에 의해 좌우된다. 도로, 상하수도, 그리고 다른 공공서비스들은 이미 설치되어 있다. 새로운 기반시설의 조성에 상당한 액수의 공공자금을 필요로 하는 개발 정책은 대체적으로 볼 때, 지역사회에게 그 금액을 전가하곤 한다.
>
> - Economic Impact and Fiscal Analysis of Oregon's Special Tax Assessment of Historic Properties

47. 역사건물들에 재투자하는 것은 기존의 부동산가치를 높여 준다.

부동산소유자들은 종종 자신들의 부동산가치가 일정부분 토지 경계선이 규정짓는 범위 내에서만 드러난다고 오해하는 경향이 있다. 이것은 진실과 거리가 멀다. 부동산은 강력한 상호관계 속에서 빚어지는 자산이다. 대부분의 부동산가치는 대지경계선 외부에 위치한 것들로부터 나온다. 옛 말에 부동산에 가장 중요한 세 가지 요소는 "첫째도 둘째도 셋째도 입지(location)"라는 말은 이 대목에서 아주 중요하다. 일개 특정한 필지가 가지는 가치는 대개 그것을 둘러싼 건물들, 공공차원의 개선사항들과 행위들이다.

역사건물이 유지되고 정기적으로 재활용되는 경우, 이런 투자의 재정적인 혜택을 받는 것은 땅 소유자 개인만이 아니다. 인접한 건물주들, 근처의 사업체들, 지방정부들 역시 금전적인 혜택을 얻게 되기 때문이다. 역사자산이 존재하는 전체구역에 이익이 발생하는 것이다.

> 건물 재활용 활동에 의해서 주변 자산의 가치 역시 상승한다고 하는 주장에는 근거가 있다.
>
> - The Effectiveness and Fiscal Impact of Tax Incentives for Histoic Preservation : A Reconnaissance for the City of Atlanta

알렉산드리아(Alexandria, 버지니아주), 갈베스턴(Galveston, 텍사스즈), 사바나(Savannah, 조지아주), 시애틀(Seattle)에 있는 역사지구들에 관한 연구에서 도출된 결론에 따르면, 지역과 전국적인 임대업자들이 역사지구들에서 장기임대를 기꺼이 제공한 것은 역사지구의 지정 및 (역사건물들의) 실질적인 수리활동이 안정성 향상에 관한 증거를 제시했던 시기 이후에야 발생한 현상이다.

- Forum Journal, "Economic Incentives for Historic Preservation in Oakland, California"

48. 지역사회의 도심지 활성화 실행은 개인투자자들을 자극할 수 있다.

기존의 기반시설들은 개인투자자들에게도 지출을 줄일 수 있는 요소가 된다. 그러나 개인자금이 도심에 유치되기 위해서는 투자자들과 대출업자들이 공공영역에서 도심지에 대한 꾸준한 투자가 유지고 있다는 확신을 가져야만 한다. 지방정부는 도심 전역에 걸쳐서 늘 도심지 경제의 주역으로서 임무를 수행한다. 대부분의 장소에서 지방정부는 사람들이 토지소유자, 투자자, 고객, 고용주의 입장에서 (투자의 대상으로) 도심지를 고려할 때, 가장 영향력 있는 단위기구인 것이다.

역사보존은 수많은 상업지구의 경제재개발전략에서 중요한 역할을 하고 있다. 도심지 재활성화에서 역사자원들은 거의 항상 연관되어 있다. 그 이유는 상업지구들이 주로 초창기 정착했던 지역을 관통하고 있고, 지역 내 상업의 전통적인 심장부였기 때문이다.

- The Economic Benefits of Historic Preservation in Colorado

입점하려는 백화점측에서 신뢰하지 않는 소매상인을 입점시키는 것이 불가능하듯, 만약 지방정부가 강력한 도심지 정책을 수행하지 않을 경우 투자를 유치하는 것은 거의 불가능하다. 공공시설물들의 비용대비 효율적인 사용을 달성하기 위해서는 더욱 강력한 도심지 건물들의 활용이 필요하다. (그리고) 이런 정책에는 개인차원의 투자가 절실하다. 하지만 도심지에 대한 공적 영역에서의 투자가 확실시 될 경우, 기존의 기반시설들은 개인투자에게 훨씬 많은 비용대비 효과를 만들어낼 수 있다.

건물의 개선(improvement)에 대한 관심을 자극하는 것은 즉각적인 행동을 유발하는 데 도움을 주며, 향후 발생할 프로젝트와 상업지역 투자를 창출해 낸다.

- Main Street News, "How to Stimulate Interest in Building Improvements"

49. 도심지 내 역사건물들의 공공 점유(public occupancy)는 희소한 도시 자원의 사용을 세 배로 증가시킬 수 있다.

어느 곳에서나 선출된 관리들은 재정적인 의무를 다 할 것을 요구 받고, 우리는 납세자로서 그들이 그 의무를 다 할 경우에 기뻐해야 한다. 하지만 지방정부가 더 이상 역할을 수행하지 못할 경우 세금과 서비스들은 그 만큼 삭감되어야 한다. 납세자들의 세금을 줄이는 더 나은 전략은 공공 자금이 사용되었을 때, 지출이 한 가지 이상의 목적으로 사용되었다는 것을 확신하는 것이다.

치열한 경쟁압력에 직면한 다원화된 세상은 일석이조(double opportunity situations)의 기회상황을 발견하는 데 있어 무궁무진한 가능성을 보여주고 있다. 은행들은 자동화된 융자를 촉진시키는 메시지를 전달할 수 있는 자동현금지급기(ATM : Automatic Teller Machines)를 운영한다. 그럼으로써 ATM 단말기는 돈을 찾을 수 있게 할 뿐 아니라 은행상품에 대한 홍보도 가능하다. 패스트푸드 식당들은 구인광고효과를 극대화할 수 있는 홍보용 종이를 깔아놓음으로써 탁자를 깨끗하게 함과 동시에 새로운 구직자를 모집한다는 홍보도 겸한다. 로고를 새긴 티셔츠를 판매하는 술집 역시 판매를 통한 부수입을 벌어들이면서도 동시에 (고객을) 걸어 다니는 홍보수단으로 활용한다.

공공영역에서는 위에 언급한 것과 같은 기회를 개발하는 데 훨씬 더뎠고, 역사보존은 이런 동시 다발적 기회창출에 훌륭한 대안을 제시한다. 전형적인 지역사회는 도심지 활성화를 강조하는 포괄적인 방안뿐만 아니라, 역사보존에 관한 수행전략도 함께 가지고 있다. 가령 시의 계획부서가 부족한 공간을 가진 시청사를 떠나 어딘 가로 이전할 필요가 있다고 가정해 보면, 다음에 열릴 의회모임에서 시운영자는 다음과 같이 말할 것이다. "그렇습니다. 우리는 역사보존을 지지합니다. 그리고 우리는 도심지 활성화도 지지합니다. 하지만 우리는 거기에 어떤 정책을 실현할 만한 자금을 가지고 있지 않습니다. 우리가 가진 것이라고는 고작 도심지에 조그만 사무실 하나를 짓는 데 충분한 자금입니다." 만약 가능한 자금이 확정된 이후에 이 자금을 한 가지 목적에만 사용하는

▶ Belle Fourche, South Dakota

것은 재정적으로 무책임한 것이다. 대신에 그러한 자금은 도심지에 위치한 역사건물 내에 계획부서를 이전하는 곳에 사용해야 하며, 이 한 번의 투자로 인해 세 가지의 목적을 달성할 수 있다.

(사용되지 않는 오래된 건물에 대한) 공공점유는 공공영역에서 사용할 수 있는 역사보존, 도심지와 지역사회 활성화라는 두 가지 목적 모두에 매우 효과적인 전략 중 하나가 된다. 이런 유용한 전략들이 자주 사용되지 않는 것은 납세자들의 세금을 낭비하는 아주 창피한 일이다. 사실상 재정적인 의무가 있는 선출되거나 임용된 관리들은 점차 이 같은 전략의 가치를 인식하기 시작했다.

> 지방 공무원들은 거대 신축개발(white elephant)보다는 오히려 사용되지 않는 자산인 역사자원에 관해 인식하게 되었다.
>
> -Historic Preservation News, "Seeking a New Route"

> 해체된 건물은 자산의 파괴와 같으며, 반면에 복원된 건물은 그것이 가진 유용한 생명력을 이어가는 행위이다.
>
> -Getting Started : How to Succeed in Heritage Tourism

50. 보행자 중심(pedestrian orientation)정책은 활기차고 적극적인 공공공간을 위해 필수적이다. 역사건물들은 보행자를 기반으로 하여 설계되고 지어졌다.

아마도 도심지의 성공을 평가하는 수 천 가지의 기준들이 있을 것이다. 하지만 만약 나에게 그 중 하나만 꼽으라고 한다면, 다음과 같은 것을 지적할 수 있을 것이다. 거리에 사람들이 있는가? 만약 있다면 그것은 성공적이고 없다면 실패한 것이다. 도심지의 번성은 두 가지의 특징을 공유하고 있다. ① (도심지 내) 모든 지역사회들의 상호작용을 위한 중심지라는 점과 ② 모든 지역사회가 실제 도심지 토지에 대한 소유권과 무관하게 자신이 도심지의 주인이라고 느끼는 주인의식이다.

▶ Denver, Colorado

> 도심지들은 지역사회 내 모든 사람들 – 부자와 가난한 자, 흑인과 백인, 세련된 사람과 부랑자, 늙은이와 젊은이 모두에게 잠정적인 '소유물 (혹은 재산)'로 인식되는 하나의 장소이다. 우리는 도심지에서 우리와 다른 사람들과 마주친다 … 이런 다른 사람들과의 대면은 창조성의 근원이 된다. 우리가 우리에게 동의하는 사람들하고만 이야기할 경우에 새로운 아이디어를 만들어내는 것은 힘든 일이기 때문이다.
>
> –Professor Carl Abbott

> 조지타운(Georgetown)[20]이나 비컨힐(Beacon Hill)[21] 같은 근린주거단지들은 보행할 수 있는 지역이다. 아이스크림 콘 혹은 아스피린 한 병을 사기 위해 차에 뛰어오를 필요가 없는 것이다. 사람들은 걸어서 상점에 가며, 걸으면서 거리의 행복과 주변 사람들을 보게 된다.
>
> –The Geography of Nowhere

사람들간의 상호작용과 역사건물들이 관련을 갖는 것은 우연이 아니다. 역사건물들은 보행로와 더불어 조성된 곳이지 차를 기반으로 해서 조성된 곳이 아니기 때문이다. 역사건물들은 갓길도 만들어낼 뿐만 아니라, 우리가 (건물의) 내부를 볼 수 있도록 창문도 설치되어 있다. 역사건물의 입구로 향하는 길은 우리가 걸어 들어오게끔 만들어졌지 운전해서 들어오게 설계된 것이 아니다. 역사건물은 주변 환경에 대한 건축적인 아름다움뿐만 아니라 보행자가 중심이 되는 정책에도 기여를 할 수 있다.

> 전통적인 상업지구들은 애초에 도보로 접근이 용이하도록 소규모이면서 고밀도로 개발되었다. 지난 50년 동안 구축된 대부분의 환경들은 이런 특성을 가지고 있지 않다.
>
> –Main Street News, "Enhancing Downtown's Sense of Place"

> (건물의) 정면과 간판디자인에 휴먼스케일을 존중하여 오래된 상업지역들의 쾌적한 환경을 개선하는 것은 … 보행 친화적인 환경을 뒷받침한다. 이는 쇼핑객들의 목적지 간 (동선의) 연결을 증진시키고, 더 오랜 기간의 방문과 더 많은 물품구매를 유발시킨다.
>
> –Saving Face : How Corporate Franchise Design Can Respect Community Characters

---

20. 조지타운(Georgetown)은 포토맥강(Potomac river)을 따라 워싱턴 D.C.의 북서부 구역에 위치한 근린주거지역이다. 1751년에 조성된 이후, 조지타운시는 워싱턴시와 컬럼비아지구(District of Columbia)의 설립보다도 훨씬 더 이전으로 역사가 거슬러 올라간다. 1776까지, 조지타운은 메릴랜드(Maryland)의 가장 큰 도시들 중 하나였으며, 1871년까지 독립적인 자치구로 유지되다가 워싱턴에 병합되었다. (역자 주)
21. 비콘힐(Beacon Hill)은 시애틀의 남동부에 언덕에 위치한 근린주거단지이다. (역자 주)

역사건물들은 흔히 발생하는 부수적인 효과로 보행자들에게 일조(sunlight)와 규모(scale)라는 두 가지의 쾌적성을 제공한다. 대부분의 오래된 건물들이 신규건물들보다 낮기 때문에 오래된 건물들은 종종 높은 (현대식) 건물들 보다 더 많은 햇빛이 거리에 들도록 한다. 그리고 오래된 건물들은 규모면에서 일반적으로 더 작기 때문에 사람들이 안으로 들어올 때나 주변을 걷게 될 때 편안함을 준다.

-Why is Historic Preservation Considered to be in the Public's Best Interest?

51. 역사 도심지들은 지역사회 내 어디에서도 찾지 못한 다양한 형식의 공간과 임대규모를 제공해준다.

왜 일상용품 수리점이 쇼핑센터 내에 입점하지 못하는가? 왜 개인이 운영하는 공익 법을 전문으로 하는 변호사사무실이 신도심의 사무실개발지역에서 운영되지 않는가? 왜 비영리 예술협회가 법인 본사 소유의 공원임대계약을 하지 않는가? 이와 같은 의문점에 대한 해답은 명확하다. 그들은 그러한 임대료를 낼 만큼 경제적인 여유가 없다. 이런 장소들을 소유한 토지소유자들이 너무 과다한 임대료를 제안하는 것 때문이 아니다. 그들은 그런 제안을 하지 않는다. 그들은 융자를 갚을 만한 정도의 금액을 요구하고, 그들의 투자에 대한 약간의 보상을 제안할 뿐이다.

소규모 사업체들, 비영리기구들, 초기 창업 사업체들과 같이 임대비용을 조정할 필요가 있는 단체들의 경우, 쇼핑센터에 입점하는 것 혹은 사무용 공원을 확보하지 못하는 문제들은 단순히 임대료가 너무 비싸기 때문만은 아니다. 사실상 지역사회에서 높은 가격의 임대는 도심지에 위치한 손꼽히는 건물들에서나 가능한 것이다. 오히려 이런 문제들은 다양한 임대공간이 존재하지 않기 때문에 비롯된 것이다. 따라서 이와 같은 문제들이 제기되어서는 안되며, 당신이 오래된 건물들을 지을 수 없다는 사실과 새로운 건물을 짓는 데 소요되는 경비에 비해 (신축건물들은) 아주 제한된 임대옵션만을 제공해 줄 수 있다는 사실만이 남게 된다.

모든 도시는 높은 임대료를 낼 수 있는 회사들을 필요로 한다. 예를 들면, 변호사사무실, 광고회사, 법인의 본사 등이 여기에 속한다. 동시에 모든 도시는 소규모 사업체와 비영리사무실과 같은 것들도 필요로 한다. 도심지의 경제적 장점 중의 하나는 전체적인 관점에서 볼 때, 이 두 가지 범위의 사업체들을 위한 공간을 모두 제공해줄 수 있는 것이다. (하지만) 이것이 모든 곳에서 실질적으로 가능한 이야기는 아니다.

오래된 도심지에서 역사건물들을 보존하는 것은 다양한 종류의 사무실과 광범위한 종류의 임대공간을 확보하는 데 도움을 준다. 이것은 소규모의 창업자들 혹은 소매상들이 정착하는데 도심지를 더욱 매력적인 곳으로 만들어준다.

-Economic Incentives for Historic Preservation in Atlanta

이웃한 지역사회의 상업지역에서 역사건물들은 주로 낮은 판매이익을 바탕으로 운영되는 소규모 서비스 사업자들에게 활용 가능한 공간을 제공하며, 이웃지역사회의 경제를 활성화시키는 데 필수적이다.

-Forum Journal, "Economic Incentives for Historic Preservation in Oakland, California"

52. 평범한 도심지와 특별한 역사건물들은 소규모 창업을 위한 훌륭한 거점을 제공해준다.

▶ Bangor, Maine

거듭된 연구를 통해, 미국 내 신설되는 일자리의 상당수가 20명 이하의 고용인을 가진 소규모 창업 사업체에 의해 시작되었다는 것이 입증되었다. 그리고 일부 반론들과는 다르게, 이런 사업체들은 예전에 제안되었던 것보다 훨씬 더 높은 비율로 계속 운영되고 있다.

더욱이 소규모 창업업체들에 의해 새롭게 창출되는 일자리들 중 대부분이 제조업, 농업 혹은 수송업분야가 아닌 서비스업분야이다. 거의 이런 새로운 벤처(venture)의 대부분이 도심지에 위치한 사업체들 사이에 적절히 조화를 이루고 있다. (벤처사업체들이) 도심지에 위치하게 될 경우 고객들 공공시설물들, 전문가들, 그리고 동일업종의 회사들과 인접하게 되는 장점이 있다. 도심지 내 역사건물들은 대부분의 신규사업체들이 필요로 하는 적절한 규모의 공간 유형들을 제공한다.

도심지와 도심지 내 위치한 소규모 사업체들의 중요성을 고려해 볼 때, 미국 전역의 사업체와 지역사회를 이끌어가는 지도자들은 그들이 속한 도심지가 지닌 경제적인 충실도와 활력에 대해 소극적이어서는 안된다는 점을 인식하게 되었다.

-Central Business Districts : The Downtown Element

53. 도심지 역사지구 조성은 종종 도심지 활성화에 효과적인 초기단계가 된다.

토지가치에 대한 지역 내 역사지구들의 경제적인 영향은 이전 장에서 논의했다. 또한 국가에 (보호해야 할 자산으로) 등록된 개인자산의 소유자들이 소유한 건물들에 어떤 행위를 취하는 것이 지역정부의 제한과 무관하다는 점도 언급했다.

국가등록 역사지구를 조성하는 것은 흔히 지역사회의 경제적인 발전전략의 초기단계가 되며, 특히 도심지에서는 더욱 그러하다. 왜 그런가하면, 두 가지 이유로 생각해 볼 수 있다. ① 국가보호 문화재로 등록된 상황은 개인투자자들을 위한 경제적인 보상을 상당부분 향상시켜주는 역사건물 재활용에 관한 세제혜택을 준다. ② 국가보호 문화재로 등록되면 지역사회 스스로가 자긍심을 갖게 되며, 다른 지역과 구별되는 독특한 지역사회의 성격을 부여받을 수 있고 또한 지역사회의 미래를 위한 계획을 시작할 수 있는 기회가 주어지는 셈이다.

> 조지아(Georgia)의 모든 지역을 관장하는 조지아 전기회사의 지역사회 개발부서(Georgia Power Company's Community Development Department)의 대표는 매디슨(Madison), 어데어스빌(Adairsville), 틸프톤(Tifton) 지역에 사는 사람들에게 개선된 지역사회의 이미지가 중요하다는 사실을 보여주기 위한 사례들을 들었다. 그는 국가보호 문화재 프로그램이 근린주거단지의 고유한 역사적 특성들을 활용해서 소속된 지역사회의 이미지를 규정할 수 있다는 것과 이후 경제적인 잠재성을 측정하는 첫 번째 과정임을 언급했다.
>
> -Report of the Joint Study Committee : Economic Development through Historic Preservation

54. 도심지 역사건물들에 관한 감정가는 흔히 대부분의 시장평가보다 더 낫다.

이 책의 34번 논의 주제에서 역사지구 내에 위치한 토지들이 대체적으로 시장경제보다 더 높게 평가된다는 사례들을 살펴보았다. 적어도 몇몇 지역에서는 더 빨리 성장하고 있는 도심지역 내에 있는 재활용된 자산들의 가치에 대해 일정한 유형이 존재하는 듯하다. 시장경제는 종종 복원되지 않는 역사자산들을 저평가하는 경향이 있으며, 때때로 구조물을 쓸어버리거나 빈 땅을 사용하여 주차장으로 활용하기도 한다. 하지만 아주 빈번하게도 역사자산들은 그것들을 소유하기 위해 기꺼이 추가비용을 지불하는 구매자들에게 선호된다. 공공영역에서 역사지구보호법령에 의해 보존을 위한 개발사업에 경제적 혜택이 주어진다는 점진적이고 명백한 가치를 인식하면 할수록, 개인영역에서의 (투자에 관한) 관심도 점점 더 증가할 것이다.

▶ Boulder, Colorado

> 새롭게 단장된 역사자산들의 가치는 신축건물과 복원되지 않는 역사건물의 가치보다도 훨씬 높다… 복원되지 않는 역사자산들은 기껏해야 같은 기간 동안에 신축건물과 구별되는 별 볼일 없는 건물 정도로만 평가되었다.
>
> -Historic Richmond Foundation News, "The Importance of Historic Preservation in Downtown Richmond : Franklin Stret, A Case Study"

> 덴버(Denver)시의 역사중심지역에 위치하면서 지역 내에서 많은 공을 들인 시장인 로도(LoDO : Lower Downtown)는 아마 서부산간지역에서 가장 오래된 도시환경일 것이다. 이 지역 대부분의 건물들이 2차 세계대전 이후에 지어졌기 때문에, 이곳의 역사건물들은 대단한 가치를 지닌다. 이곳에서 용도를 변경한 창고들은 대도시인 덴버(Denver)의 수많은 마스터플랜에 의해 계획된 도심외곽들에 위치한 새 가옥들과는 확연하게 대조를 이룬다. 역사건물들은 로도(LoDO)의 정책에 잘 부합한다. 1990년 이래로 거주자들은 대다수의 도심외곽 주택들보다 더 빠르게 가치를 인정받아왔다. 몇 년 전 같았으면, 평방피트(ft^2)당 50달러도 받기 힘들었을 희귀한 다락공간이 이제는 손쉽게 250달러 혹은 그 이상을 호가하고 있다.
>
> -The Brookings Review, "Playing from Strength : The Market Power of Cities"

55. 보존은 지속적으로 도심지 활성화에 중요한 역할을 수행한다.

경제개발을 이끄는 사람들과 도심지 활성화 책임자들, 상공협회의 의장단, 도시 운영자들은 대다수가 현명한 사람들이다. 그들 중 가장 훌륭한 사람들은 남들의 성공담으로부터 배우고 그들이 속한 지역사회에 그 교훈들을 적용해 보는 부류이다. 또한 그들은 남들의 실수에서도 뭔가를 배운다.

지난 30년간 실패했던 도심지 활성화에 대해 생각해 보라. 거대한 벽으로 둘러

싸인 성 같은 건물들, 길거리의 대형 상점들, 도심을 뒤덮는 지붕, 대규모의 단기 효과를 노린 해법들, 주차공간을 위한 끊임없는 (오래된 건물들의) 해체작업들. 이런 실패의 유형 하나하나가 지역사회의 역사적인 특성을 말살해 버리는 희생을 낳았다.

지난 30년간의 도심지 활성화의 성공사례들을 생각해 보라. 거의 예외 없이 역사보존은 그들의 전략적 핵심요소였다.

> 역사건물과 기반시설의 복원은 주택소유자들과 상인들이 이미 보유하고 있는 자산의 가치, 유용함, 아름다움을 인식하는 데 도움을 준다. 그들의 인식이 바뀐다. (방치되었던 역사건물들의) 창문들이 절반 이상 채워졌다. 간단한 해결방안들이 가능하게 되었다.
>
> - Main Street News, “Expanding the Mission of Community Development Corporations”

> 오늘날 우리는 도시재개발이 단순히 (뭔가를) 대체하는 것이 아니라, 다시 새롭게 하고, 계속 유지한다는 것을 배우고 있는 중이다. 대도시 활성화계획들이 널리 퍼져나가고 있으며, 일반적으로 유산보존은 그 중심에 있다.
>
> - The Restoration Economy

제 6 장

주택과 근린주거에 관한 보존경제학

The Preservation Economics of Housing and Neighborhoods

56. 역사적인 근린 주거단지는 다양한 가계수입의 가구들을 수용한다.

대부분의 역사주거단지 내에 있는 주택의 다양한 규모와 특성은 낮은 수입, 적절한 수입, 높은 수입을 가진 가계들이 서로 가까운 접근성을 가지고 살 수 있도록 하는 등의 건전한 주거구성비를 가능하게 해준다. 가난한 사람들을 격리시키는 것은 가난을 구제하고자 하는 정책에서 명백히 실패할 것이라는 것은 입증되어 온 바이다.

모든 미국인들이 안전하고 버젓한 살 곳을 가지고 그들의 가계를 꾸려나갈 수 있도록 해주기 위한 지난 60여 년간의 노력을 통해, 우리는 몇 가지 교훈을 배웠다. 우리가 배운 것은 주거단지들을 부수고 그곳을 초고층의 건물들로 대체하는 것이 효과적이지 않다는 것과 주민들로부터 가난한 사람들을 격리시키는 정책이 효과가 없다는 것이다. 이와 정반대로, 우리는 두려워하기 보다는 소속감을 느낄 수 있는 지역사회에 사는 주민들이 잘 살고 있다는 점과 역사건물들이 이런 소속감에 상당한 연관성이 있다는 것도 배웠다.

이밖에 우리가 역사 단지 내 이웃들에 관해 알아야 할 것은 무엇인가?

① (역사지구 내) 지역사회들은 흔히 다양한 규모, 질, 가격 범위, 배치유형을 가진 주택들을 보유하고 있다. ② 만약 이러한 지역사회가 대중교통을 보유하고 있다면, 그것들은 흔히 그 주변을 통과한다. ③ 기본적인 상품들과 서비스들이 전형적으로 도보로 이동이 가능한 범위에서 이용 가능하거나 도심지 내 혹은 이웃에 있는 상가중심지와 인접해 있다. ④ 일반적으로 고용센터들이 주변에 있다. ⑤ 사회기반시설들-교회, 운동장, 공공기관들, 지역사회단체 등이 이미 마련되어 있다.

역사근린주거단지에 다양한 소득을 가진 가구들을 수용하는 것은 모든 지역사회가 추구해야 할 명백한 전략이다. 이런 지역사회에 거주함으로써, 주민들은 그들이 필요로 하는 것에 더 가깝게 위치하게 되는데, 예를 들면 일터, 꼭 가야할 곳, 생필품 가게, 가족들의 다른 요구들을 충족시키는 장소 등이 이에 속한다. 그리고 일반적으로 역사지구 내에서는 우리가 그런 시설들을 이용하기 위해 반드시 차를 운전할 필요는 없다. 인근주택들의 다양성 때문에 거의 모든 사회·경제적인 계층들이 거주할 적절한 장소를 구할 수 있다.

> 매우 부유하고, 훌륭한 교육을 받았으며, 좋은 직장을 다니는 몇몇 거주자들이 내 집 바로 옆에 살고 있으며, 우리는 서로 아주 훌륭한 관계를 유지하고 있다. 내가 생각하기에 어느 도시에서든 가장 매력적인 것은 다양성이다. 가령 당신의 옆집에 아주 가난한 가구가 살고 있다면, 당신은 우리 모두가 미국이라는 나라에서 그들과 똑같이 기본적인 꿈을 가지고 있다는 것을 이해할 필요가 있다. 그 꿈은 우리가 자녀들을 양육할 수 있게 해주고, 그들이 함께 자랄 수 있는 건전한 이웃들을 갖는 것이다. 부잣집 아이들은 가난을 목격할 수 있으며, 가난한 집 아이들은 언젠가 그들도 역시 그들이 원하기만 한다면 콘도를 소유한 큰 부자가 될 수 있다는 것을 믿을 수 있는 그런 이웃들 말이다.
>
> -Bertha Gilkey, inner-city housing activist

> (가구의) 대다수가 1870년과 1930년대 사이에 건립된 연립주택(row house)으로 구성된 이웃한 지역사회는 다양한 소득수준을 가진 사람들에게 계속해서 주택을 공급하고 있다. 한 가지 이유는 연립주택들이 유동적이기 때문이다. 연립주택들은 위로는 소유주가 거주하는 주택을, 아래로는 임대용 아파트 또는 다른 계층의 사람들

에게 단층공동주택과 같은 (주거공간)을 제공해 줄 수 있다.

-A Visitor for Growing an Inclusive City : Washington, D.C.

57. 주민들의 이전(移轉)은 역사보존이 가져오는 결과가 아니다.

"고급주택화(gentrification)" 얼마나 어리석은 단어이며, 어리석은 개념이고, 칼의 양날과도 같은 말인가? 웹스터(Webster) 사전에서 내린 정의에 따르면 다음과 같다. "도심 내 노후된 지역이 주택의 개보수(remodeling)와 혁신된(renovating) 주택들에 의해 좀 더 많은 중산층의 이웃들로 바뀌는 것. 토지가치의 상승과 가난한 사람들을 이전시킴으로써 빚어지는 현상"

1980년대에 고급주택화는 누가 이 개념을 사용하느냐에 따라 극단에 선 정반대의 용어가 되곤 했다. 도시로의 회귀운동과 증가하는 토지가치를 선호했던 사람들에게는 이 개념은 아주 긍정적인 논리적 의미를 가지고 있었던 반면, 오랫동안 거주했던 주민들의 교체를 반대하는 사람들에게는 매우 부정적인 의미로 해석되었다. 고급주택화의 개념이 있든 없든 간에 역사보존은 지역사회 내 이웃들에게 고급주택화를 가져 오는 수단이 되었다.

로베르타 브란데스 그라츠(Roberta Brandes Gratz)[22]는 도시에 관한 예리한 안목을 지닌 사람이다. 1980년대 말에 그녀는 다음과 같이 저술하였다 :

> 고급주택화에 관해 자격이 없는 반대편 진영에서는 도움을 요구하는 저(低)임금 주거지의 보존을 옹호하는 아주 묘한 입장의 비난을 하고 있다. 고급주택화가 지닌 딜레마는 간단하지 않다. 그 해법도 쉽지가 않다. 하지만 해법은 (분명) 있다.
>
> -The Living City

보존운동가들은 진정으로 중립적인 입장에 있다. 다시 말해 그들도 주택의 개조와 그에 따른 토지가치의 상승을 원한다. 하지만 보존운동가들은 이 과정에서 오래 거주한 주민들이 교체되는 것을 원치 않는다. 그래서 미국 전역 수십 개의 도시

---

22. 로베르타 브란데스 그라츠(Roberta Brandes Gratz)는 도시비평가이자, 저널리스트로 뉴욕시를 기반으로 활동하는 컨설턴트이기도 하다. 그녀는 뉴욕포스트(The New York Post)에 도시개발에 관한 이슈들을 연재하고 있으며, 삶의 도시(The Living City)의 저자이기도 하다. 그라츠는 반듯한 사각의 택지 위에 단순하게 처방된 도시환경에 반대하면서, 도심지 재개발 프로젝트에 좀더 유동적이고, 지속 가능하며, 효과적인 방법에 대해 주장했다. (역자 주)

들에서 활동하고 있는 지방의 보존운동가들은 그라츠가 발견했던 그런 해답들이 반드시 존재해야 한다는 것을 당연시하며, 발견하기 위해 헌신하고 있다.

> 저소득과 중산층 거주자들을 이동시키는 대신에, 역사지구로 지정함으로써 더욱 흥미롭고 다양한 지역사회를 만들면서, 더 광범위한 소득층들이 함께 더불어 사는 환경을 조성해 줄 수 있다.
>
> -The Economic Benefits of Historic Preservation in Colorado

> 이런 성공적인 프로젝트들을 통해 고급주택화를 하지 않고도 역사적인 지역사회 내 이웃들의 보존이 달성될 수 있음이 입증되었다. 또한 저소득층 주택의 재활용이 다른 역사건물 재활용 프로젝트들만큼 원칙과 규정들을 제정해야 할 필요가 있다는 것도 보여주었다.
>
> -Ohio Preservation, "Historic Preservation and Low-Income Housing"

학구적이고 전문적인 관심을 가진 개인들 – 특히 아프리카계 미국인들(African American)의 지역사회 내에 거주하는 – 은 오랜 기간 지역사회에 거주해 온 주민들을 위한 걱정과 동시에 역사보존을 위한 우려를 하고 있으며, 이런 딜레마의 해결방법에 대해서 고민하기 시작했다.

> 지역사회에 대한 투자가 일어나면 자연스럽게 임대와 가치가 증가할 것이다. 이것은 어떤 현실적인 선택도 남아 있지 않는 것일지도 모르지만, 저소득 혹은 중간소득을 가진 사람들이 원치 않는 주민교체는 이루어질 수 없다는 것을 보증할 적절한 계획과 함께 극복된다.
>
> -Historic Preservation as a Means of Community Economic Development

그리고 창조적인 해결방안들이 발견되어 왔다.

> 모든 자산소유자들의 바람은 이 처럼 대안이 되는 계획들에 반영되고 있다. 활성화된 지역으로 이사하여 정착하기를 원하는 사람들에게 반영되었고, 여기저기로 이주하기를 원하는 사람들에게도 반영되었다.
>
> -Forum Journal, "Revitalizing Fayette Street"

고급주택화라는 단어는 그 유용성 때문에 오랫동안 존재해 왔다. 너무 많이 함축된 의미들은 더 이상 적용되지는 않는다. 아마도 "경제통합(economic integration)"이라는 개념은 보존이 할 수 있는 역할에 대한 더 나은 설명이 될지 모르겠다. 나름의 이유로 가난한 사람들이 격리되기를 원하는 사람들을 제외하고는 경제통합은 새로 전입한 주민들이나 현재 살고 있는 주민들 모두에게 적용될 수 있는 개념이 될 것이다. "경제(economics)"라는 개념은 혁신, 토지가치의 상승, 중산층 가구를 의미하는 것이고, "통합(integration)"은 하나의 경제수준이 다른 경제수준을 대체할 수 없다는 것을 의미한다. 해법들은 쉽지 않은 일이 될 수도 있다. 하지만 보존운동가들은 이런 해법들이 존재한다는 것을 꾸준히 입증해 왔다.

> 오래된 지역사회에서 (거주자들의) 이동이 발생하고 있는 동안 드러난 이 같은 현상은 (역사) 지구 지정 등과는 연계되어 있지 않으며, 다만 대중적인 취향, 주택의 유용성, 다른 경제적인 힘들의 결과이다.
>
> -Maintaining Community Character : How to Establish a Local Historic District

> 고급주택화는 명백하게 우리의 도시에서 발생하고 있다 … 나는 이 문제를 역사보존에 한정시키지 않는다. 사실상 어떤 면에서는 여러분들이 이웃한 지역사회에 있는 주택들을 보존하고, 질을 높이고, 수리함으로써 이웃지역사회에서 신축공사가 발생할 때보다도 집값을 더 적절하게 유지할 수 있다고 생각한다.
>
> -Seattle Mayor Greg Nickels

58. 방치된 주택은 토지가치를 감소시킨다.

> 집합적으로 조성된 비어 있고 방치된 상업건물들은 더 활발한 시대의 부산물인 상업용 주말시장들이 될 수 있다는 징조이다.
>
> -An Annual Report Examining Changes in Neighborhood Conditions in the District of Columbia

> 주택의 규모와 욕실의 개수가 집값을 결정하는 데 중요한 역할을 하지만, 그 주택이 속해 있는 지역사회 내 이웃의 성격이 가장 크게 집값을 좌우한다 … 분석을 통해 우리는 지역사회 내에 방치된 주택들의 출현이 30퍼센트 이상 가격을 하락시킨다는 사실을 알게 되었다.
>
> -National Association of Home Builders

이웃주택들이 물리적으로 쇠퇴해 가는 것을 방치하는 것은 지역사회의 불안정을 가속시키고 (결과적으로) 주민들이 다른 지역으로 빠르게 이주하는 원인이 된다.

▶ Washington, D.C.

역사보존은 건물을 보존하는 것에 관한 것뿐 아니라, 이웃과 지역사회를 보존하기 위한 운동이다.

주택들이 방치되는 지역사회는 주로 어디에서 볼 수 있는가? 이런 지역사회는 주택가나 오래된 이웃들, 그리고 역사적인 지역사회 내 이웃들에 인접해 있다. 토지가치의 하락으로 인해 누가 경제적인 피해를 받는가? 개인자산소유자들, 그들의 이웃들, 그 지역 부동산에 대출을 해 준 은행들, 토지세를 받고 있는 지방정부 등이다.

이웃간의 주된 모임장소가 없고, 아무 활력 없이 건물들도 비어 있으면서, 당신은 사람들이 지역사회에 대한 믿음이 있을 것이라고 기대한다.

- Boston Mayor Thomas Menino

대부분이 방치된 건물들이 위치한 이웃 공동체들이 대도심 지역의 가장 취약한 부동산시장들 중 몇 곳을 에워싸고 있기 때문에, 이런 대다수 근린주거단지의 경우에는 개인투자에 대한 시장이익이 신축공사활동들과 대규모의 재입주를 조성하기에 충분하지 않다.

- Vacant Property Policy and Practice : Baltimore and Philadelphia

만약 내가 도시생활을 개선하기 위한 한 가지를 할 수 있다면, 나는 (도시 내) 모든 비어 있는 주택들에 관한 재활용을 추진할 것이다.

- Territorial Functioning

우리가 (다음과 같은) 간단한 결론에 도달하기까지 미학적인 문제들, 에너지보존, 문화유산, 도시디자인, 역사적 특징, 혹은 건축적 우수성과 같은 것들에 관해 티끌만큼의 걱정도 할 필요가 없다. 도시들은 수입을 위한 목적으로 오래된 주거자산에 대한 투자를 해야 하며, 그것은 우리에게 수백만 달러를 요구하지 않는다.

59. 역사보존은 빈 가구를 줄인다.

이 책에서 논의 된 58번 주제인 "방치된 주택은 토지가치를 감소시킨다."와 59번의 논의 주제인 "역사보존은 빈 가구를 줄인다."를 나란히 놓고 생각해 보자. 심지어 우리들 중 이해가 가장 느린 사람이라고 할지라도 이 두 가지 논의의 관계에 대해서 어렴풋한 감이 올 것이다.

> 재활용된 주택들 중 거의 60퍼센트 정도가 이전에 비워져 있었거나, 황피한 지역에 완전히 방치되었던 반면, 현재는 이런 주택들이 모두 입주상태가 되었다.
>
> -Washington State Special Valuation for Improvement to Historic Property

> 역사적인 상업지역들에 대한 재투자는 일반적으로 빈집들을 줄여주고, 지역경제를 증진시키며, 새로운 사업의 유치 및 침체된 지역들을 재활성화하는 데 도움을 줄 수 있다. 이와 동일한 유형의 이익들은 역사적인 주거지역들에서도 발생하는데, 그 이유는 주택들이 새로 단장되면 자산가치가 상승되기 때문이다.
>
> -The Economic Benefits of Historic Preservation in Colorado

60. 주택지구에서 건축물 재활용은 또다른 재활용에 박차를 가한다.

왜 일부 건축자산들의 재활용이 전체 주택지구의 빈 가구수를 감소시키는 역할을 할까? 주택의 보수는 한 곳에서의 개선이 다른 곳에서의 개선을 촉진시키는 활동이기 때문이다. 어떤 사람에게는 그 동기가 "이웃사촌과 맞춰 나가기 위해서"라는 이유일 것이고, 다른 사람들은 이웃집이 더 좋아 보이는 등의 당혹스러운 경험을 피하기 위해 (혹은 이로 인해 내 집이 좀 초라해 보일 것을 피하기 위해서) 일 것이다. 하지만 이런 사회·정신적인(socio-psychological) 이유의 저변에는 근본적으로 경제적인 이유가 깔려 있다. 부동산은 상호 의존적인 자산이다. 이웃에 버려진 집은 토지가치를 감소시킨다. 이웃에 새로 단장된 집은 토지가치를 증가시킨다. 특히 오래된 주거단지에서 더욱 중요한 점은 주거단지 내 다른 주민들의 투자가 자신이 보유한 자산에 재투자시 손실의 위험을 감소시켜 준다.

> 토지소유자가 어떤 특정한 구역에 있는 그가 소유한 건물 중 하나를 개선하게 되면 이웃들은 흔히 똑같은 행위를 한다. 그리고 그것은 전체구역의 부동산가치를 높이는

데 도움을 준다.

-Real Estate Today, "Rehab Tax Credits Make Dollars and Sense for You"

이런 재투자의 유형은 주거단지 내에 복합적인 영향을 준다. 더 많은 건물들이 재활용되면 될수록 세입자들은 융자를 받는 데 더 많은 관심을 가질 것이다. 더 많은 세입자들이 이런 융자를 놓고 경쟁을 하게 되면 (은행간) 융자에 대한 이자율과 계약조건이 (대출을 요구하는 사람들에게) 더욱 매력적으로 바뀌게 될 것이다. 이렇듯 은행의 금융활동이 더 활성화가 되면 평가자들은 토지감정수준을 상향시킬 것이다. 토지가치 평가가 상승하게 되면 세입자들은 더 많은 신용대출이 가능해질 것이다. 건축자산의 개선은 주택단지 내 경제적인 매력을 향상시키는 순환고리의 시작이 된다. (물론) 버려진 주택들은 위와 반대의 상황을 만들어낼 것이다.

"당신이 하고 있는 공사가 주거단지 내 다른 건물들의 개선 및 수리공사 등에 긍정적인 영향을 미치고 있습니까?" 라는 질문을 받게 되면 70퍼센트 이상의 사람들이 "그렇다"라는 응답을 했다.

-Washington State Special Valuation for Improvements to Historic Property

한 건의 복원사업은 상점 5곳의 개업을 이끌어낼 수 있다. 눈에 거슬리는 것을 복원하는 것은 희망을 제공하는 것이다.

-Main Street News, "Expanding the Mission of Community Development Corporations"

61. 역사보존은 주거단지를 안정시킨다.

지역사회 내 안정적인 주거단지는 경제적으로 혹은 사회적으로 정체되어 있지 않다. 전체 도시와 같이 주거단지는 시간이 흐르면서 변하게 된다. 하지만 주거단지의 불안정은 경제적 혹은 사회적으로 아무에게도 이익을 주지 못한다. 불행히도 불안정성의 하향순환곡

▶ Washington, D.C.

선(downward spiral)은 상승순환곡선(upward cycle)보다도 더 급격하게 발생할 수 있다.

누구도 주거단지의 불안정성을 끝낼 수 있는 전반적인 전략을 개발하지는 못했다. 하지만 성공적인 프로그램들은 해법의 일부로 역사보존을 포함한다. 사회적으로 역사보존은 지역사회의 사람들과 연관되어 있고, 장소성을 제공하며, 이웃들과의 관계를 도모하면서 공공의 참여를 유도한다.

> 오래된 건물들을 재사용함으로써 우리는 근린주거단지에서 불쾌한 환경을 제거할 것이고, 소득이 다른 가옥주들에게 주택에 관한 새로운 선택들을 제공할 것이다. 이것은 새로운 거주장소를 창출할 뿐만 아니라, 이웃한 지역사회를 안정시키고, 경제적인 성장을 증진시킬 것이다.
>
> -A Vision for Growing an Inclusive City : Washington D.C.

> 역사보존은 도시지역사회들을 안정적으로 유지시키는 강력한 수단이다. 역사보존은 장소와 구체적인 결속을 시기적절하게 제공할 뿐만 아니라, (사용료를) 거주하기에 지불할 만한 주택(affordable housing)[23]도 제공한다.
>
> -CRM, "Guidance for Incorporating Affordable Housing in Rehabilitated Historic Buildings"

경제적으로 역사보존은 자산가치를 안정화시키고 재투자를 활성화시키며, 세금징수를 유지하거나 향상시킬 수 있을 뿐 아니라 주택과 일자리를 제공한다.

> 전통적인 주거단지 내에 위치한 건물들의 보존과 관련된 도시프로그램들은 적절한 가격의 주택공급을 만들어내는 것, 장기체류하는 거주자들을 위한 가정(home)을 유지하는 것, 부동산시장과 평가의 변동에 대해서 토지가치와 시에서 책정하는 세금의 안정화에 도움을 준다.
>
> -Save Our City : A Case for Boston

---

23. 입수 가능한 주택(affordable housing)은 총주거관련 생활비용에 있어 거주자들이 지불할 만할 정도의 수준인 주택을 말한다. 미국과 캐나다에서 일반적으로 받아들여지는 입수 가능한 주택의 지침은 세대주의 연간수입에 30퍼센트를 넘기지 않는 수준이다. 이 지침에서 고려된 주거비용은 일반적으로 소유주의 세금과 보험 및 각종 공과금이 포함된다. 만약 매달 소요되는 비용이 세대주 수입의 30~50퍼센트를 넘게 되면, 이 주택은 그 세대가 생활하기에 적합하지 않은 주택임을 의미한다. (역자 주)

62. 중산층이나 저소득가계들이 국가의 보조금 없이 가옥을 신축하는 것은 사실상 불가능하다.

우리가 아는 것부터 논의를 시작해 보자. ① 너무 많은 미국인들이 양호하지 않은 집에 살고 있거나 떠돌이 부랑자로 살고 있다. ② 비어 있거나 버려진 수 천 가구의 집들이 도심지뿐만 아니라 수많은 소규모 도시와 시골지역에 방치되어 있다. ③ 비워 있거나 방치된 집들은 인근 자산가치평가에 부정적인 효과를 낳고, 더 넓게 보면 세수(稅收)에도 영향을 미친다. ④ 부족한 공공자원들은 주택의 필요성을 강조하여 보충할 수 있다. 이런 논의와 더불어 우리는 (추가로) 다섯 번째 주장도 만들어낼 수 있다.

> 새롭게 조성된 미국 내의 모든 주택들은 저임금가구가 정부의 직접적인 지원 없이 입주하여 살기에는 너무 비싸다.
>
> - New Visions for Metropolitan America

> 다른 면에서 볼 때, 만약 우리가 오늘날 가장 비용대비 효과가 높은 연방주택프로그램(Federal Housing Program)을 활용하여, 빈곤계층 이하의 가옥주들이 현재 거주하고 있는 더 오래되고 역사적인 주택들을 교체해야 한다고 가정하면, 미국 납세자들에게 3천350억 달러를 물리는 격이다.
>
> - Forum Journal, "Historic Preservation and Affordable Housing : The Missed Connection"

더 명백한 해결방안은 없을까? 만약 우리가 빈곤층들을 수용할 수 있는 주택에 사용할 예산이 부족하다고 주장한다면, 복합적인 효과를 발생시킬 수 있는 (효과적인) 지출을 하지 말아야 한다는 것인가? 어디에서 (이러한 예산투자보다) 더 많은 개인투자자들에게 박차를 가할 수 있고 주거단지를 안정화시킬 수 있다는 것이며, 빈곤층을 격리시키지 않으며 경제통합을 이루어낼 수 있단 말인가?

역사보존은 미국 내 저(低)수입계층 문제를 해결할 수 있는 만능해법은 아니다. 하지만 역사보존을 포함시키지 않는 해결안을 제시하는 사람들은 위에서 언급한 명백한 사실들을 회피하는 것이다.

63. 현재 증가추세인 재택근무노동자들은 근린주거단지에 인접해서 거주함으로써 이상적인 작업환경을 제공받을 수 있다.

현재 적어도 4,000만 명의 사람들이 비정규직 재택근무를 하고 있고, 1,200만 명이 정규직으로 일하고 있으며, 그 수는 기하급수적으로 증가하고 있다. 상가지역과 경계를 이루고 있는 주택단지는 이런 노동자들에게 이상적인 장소를 제공한다. 우리는 이런 주거단지에 위치한 가정을 기반으로 하는 재택사업(telecommuter business)[24]에 관해 생각해 볼 필요가 있다. 성공적인 업무수행을 위해 이런 부류의 재택근무자들이 있는 주거단지는 쾌적성, 주택의 질과 다양성, 이런 직종 종사들의 등장과 함께 요구되는 관련지식을 제공할 학교가 필요할 것이다.

정보의 시대에 사는 사람들은 그들이 살기 위해서 일하는 곳을 결정하기 보다는, 일을 위해서 사는 곳을 결정할 수 있다.

- Marketing Places

▶ Santa Barbara, California

오래되고 역사적인 근린주거단지에 거주하는 약 40퍼센트 이상의 거주자들은 직장에서 5마일 거리 내에 있지만, 새로 조성된 주택에서 거주하는 4명 중 1명 이하가 그들이 고용된 직장에서 5마일 이내에 있다. 오래되고 역사적인 근린주거단지 중 2/3가 1마일 이내에 초등학교가 있지만, 신축된 지역사회들 중에서 40퍼센트 이하가 1마일 이내에 초등학교가 있다. 오래되고 역사적인 근린주거단지의 60퍼센트 이상이 1마일 내에 쇼핑몰이 있지만, 신축된 지역사회들의 겨우 40퍼센트 정도만이 역시 1마일 이내에 쇼핑몰이 있다. 오래되고 역사적인 근린주거단지 중 거의 60퍼센트에 이르는 거주자들에게는 대중교통이 가능하지만, 신축된 지역사회의 3/4은 인근에 이용가능한 대중교통이 없다.

- Forum Journal, "Historic Preservation and Affordable Housing : The Missed Connection"

---

24. 전화선이나 원거리 통신체계를 이용하여 정보를 송수신하는 컴퓨터를 활용한 사업. (역자 주)

64. 역사주거단지는 초보자들과 최소금액의 급여를 받는 사람들에게 꼭 필요한 주택을 제공한다.

텔레비전 방송의 해설자들은 전임 노동부장관인 로버트 라익(Robert Reich)이 "상징적인 분석가들(symbolic analysts)"라고 부르던 직종들을 통해 정보사회, 우리 사회의 최첨단 노동력, 고도의 성장에 관해 이야기 한다. 그가 이것들에 관해 언급한 내용이 여기 있다.

> 상징적인 분석가들은 상징들을 표방함으로써 문제들을 해결하고, 인식하며, 해쳐 나간다. 이들은 현실을 재정립하고, 능숙하게 다루고 실험하며, 다른 전문가들과 의사소통이 가능한 추상화된 이미지들로 단순화시킨다. 그런 이후에 (그것들을) 현실로 다시 되돌려 놓는다.
>
> -The Work of Nations

리처드 플로리다(Richard Florida)[25] 교수는 지난 몇 년 동안 "창조적인 계층의 대두(Rise of Creative Class)"를 선언하면서 신문글을 써오고 있다. 분명, 이런 "상징적인 분석가들"과 "창조적인 계층"은 미래경제의 중요한 공유를 보여줄 것이다.

향후 10년에 걸쳐 (발생할) 가장 많은 수의 새로운 노동자들을 갖게 될 직업들 중 몇 가지를 살펴보자. 소매판매상인들, 금융업종사자들, 일반사무직들, 트럭운전수들, 웨이터와 웨이트리스들, 간호보조사들, 재단사들, 가정부들, 요식업 근로자들, 안내원들, 아동보호 관련 노동자들, 감시원들, 정원노동자들, 식당카운터 노동자들, 교사들의 보조원들 등이 해당하며, 이들 중 상징적인 분석가나 창조적인 계층의 일원들은 거의 없다. 하지만, 이런 14가지의 직업들은 미국 내 전체 직업 성장 중 10퍼센트 가까이를 차지하며, 2008년까지 모든 직장인들의 20퍼센트 이상을 구성할 것이다. 이밖에 어떤 것이 이와 같은 직업들 대부분이 표방하는 일반적인 특징이 될까? 바로 낮은 임금이다. 그러면 이런 질문을 하게 된다. 이 사람들은 어디에서 살아가게 될 것인가? 안소니 다운스(Anthony Downs)는 이들이 어디에서 살지 않게 될 것인가에 대해서 다음과 같이 밝혀냈다.

---

25. 리처드 플로리다 교수(1957년 뉴저지 출생)는 미국 도시학(American urban studies)을 연구하는 이론가이다. 1986년에 컬롬비아 대학에서 박사학위를 받았으며, 조지 메이슨 대학(George Mason University) 및 카네기 멜론 대학(Carnegie Mellon University)에서 강의하였다. 현재 토론토 대학(University of Toronto)에서 근무 중이며, 개인적으로 "창의적인 계층(Creative Class)" 연구소를 이끌고 있다.

하지만, 저(低)밀도의 대도시개발에는 이런 사람들에게 적합한 거주단위가 포함되지 않는다 … 대부분의 저소득층과 중산층 사람들은 새 집에 거주할 여력이 없다.

-New Visions for Metropolitan America

우리는 우리가 원하는 모든 창조적인 계층을 고려할 필요는 없다. 이것들은 대다수의 직업과 관련한 성장이 발생하는 곳이 아니기 때문이다. 더욱이 우리의 경제는 점원들, 트럭운전사들, 간호사들과 함께 해 왔다. 다시 말하지만, 오래된 주거단지들은 해결방안 중 일부를 제공해줄 수 있다. 이런 특성 때문에 오래된 건물들은 훨씬 더 적절한 방안인 것이다. 경제적인 생존을 위하여, 우리는 소중한 역사자산들이 버려지고 부서지지 않도록 보존해야 하고 재투자해야 한다.

거주할 만한, 잘 유지된 주택과 잘 나가는 사업체들은 우리 근린주거단지의 건강과 활력에 중요하다. 지역의 임대업자 및 지역사회개발기관들과 연계함으로써 도시의 이웃지역사회에서 경제적인 성장을 촉진시키면서, 보존운동가들은 역사건물들의 지속적인 사용과 재입주를 보장할 수 있다. 이런 유대관계는 거주자들에게 거주할 만한 주택과 일자리들을 제공하면서 오래된 상업용 건물들과 주택들과 연관된 재입주 프로젝트들을 자극할 수 있다.

-Forum Journal, "Integrating Economic Development and Historic Preservation in Pittsburgh, Pa."

훌륭한 오래된 주택군이 위치한 도시 내 근린주거단지는 모든 계층의 시민들을 위한 주택으로 다시 한번 고려되어야 한다. 이런 지역사회들 중 다수가 대중교통 인근에 위치해 있고, 그렇기 때문에 미국의 산업적 기반을 활성화시키기 위한 비용 대비 효과가 좋은 장소들이 될 수 있다.

-Main Street News, "Doing Business in Urban Neighborhoods"

65. 주택을 다시 짓는 것은 보존하는 것보다 훨씬 더 많은 돈이 든다.

우리는 (경제적 수준에) 알맞은 주택이 필요하지만, 이런 목적에 부합하는 금전적 여유를 가지고 있지 않으며, 두 가지의 선택적 상황에 직면한다. 새로운 주택을 건설하기 위해 돈을 지출해야 할 것인가 혹은 기존에 있는 주택에 재투자를 할 것인가?

미국의 주택정책은 보존이 신축보다 더 저렴하다는 것, 주택들의 보존과 재활용은 신축이 이런 세대들에 제공하는 것보다 더 빠르게 저소득 가정들에게 주택들을 돌려줄 수 있다는 것, 그리고 기존의 주택들을 유지하고 개선하는 것이 도시환경의 황폐화를 막고, 건강한 지역사회에 기여한다는 것을 깨달아야 한다.

-Report of the Bipartisan Millennial Housing Commission

최근 미국 주택 및 도시개발부(HUD : Department of Housing and Urban Development)가 지원한 연구를 통해 심각한 물리적 결함이 있는 오래된 주택을 수리하는 비용은 7만5천 달러, 보통정도의 물리적 결함에는 2만5천 달러가 든다는 예측이 나왔다. 물론 특별한 주택에 소요되는 특정 비용들은 광범위하게 다양하다. 하지만, 요점은 다음과 같다. ① 오래된 주택군의 경우 11퍼센트가 보통 혹은 심각한 물리적 결함들이 있다는 것과 ② 7만5천 달러의 견적은 연방주택 프로그램들에서 밝히는 최적의 비용대비 효과에 견줄만 하다는 것이다.

-Forum Journal, "Historic Preservation and Affordable Housing : The Missed Connection"

제 7 장

근린주거 내 상업지구 활성화 방안으로서 역사보존

Historic Preservation as Neighborhood Business District Revitalization

66. 역사보존은 성장 가능한 상업지구(business districts)를 창출해낸다.

지난 30년 동안 도심지는 보존을 기반으로 하는 활성화 노력의 주요 관심대상이었다. 하지만, 지난 10년 동안 현재 지역사회 내, 특히 도심지역 공동체 내에 위치한 상업지구의 중요한 역할에 대한 이해는 지속적으로 성장해 왔다. 이런 상업지구 내에 있는 건조물들은 도심지 내에서 흔히 발견되는 거대한 규모와 고급 건축양식을 가지고 있지는 않지만, 일반적으로 (현재 사회에서) 역할을 잘 수행할 수 있는 질 높은 건물들이다.

몇몇 도시들은 전체 도시의 건강한 경제를 조성하는 데 이런 지역들의 중요성을 인식해 왔고, 보존을 기반으로 하는 지역사회 수준의 상업 활성화 전략을 이용해

왔다. 보스턴(Boston)에 의해 주도된 이래, 시골 주변의 많은 도시들이 현재 소규모 도시들로부터 성공적인 메인 스트리트(Main Street) 모델을 배워왔으며, 도시지역에 있는 근린주거 사업지구에 적용했다. 볼티모어(Baltimore), 샌디에이고(San Diego), 워싱턴(Washington, D.C.), 디트로이트(Detroit), 밀워키(Milwaukee), 필라델피아(Philadelphia)를 비롯한 다수의 도시들이 역사보존, 건강한 이웃공동체, 상업지구들, 활기찬 도시들 사이의 상관성을 인식해 왔다.

> 경제적 혜택들은 활성화된 주택단지에서 개인적인 부(富)가 증가하기 시작할 때 발생한다. 건물들이 재활용되고 공공시설물이 개선되고, 해당지역에 상업시설들이 유치되고, 일자리가 창출되며, 토지가치가 상승하며, 사업체가 이익을 올리는 경우들이 이에 속한다. 혜택이 증가될 때 활성화되고, 경제적으로 성장 가능한 지역사회 주거단지가 등장한다.
>
> -Washington State Special Valuation for Improvements to Historic Property

불행히도 과거에는 많은 근린주거단지의 활동가들이 주택에 국한해서 혹은 상업적인 활동들만을 분리해서 관심사로 다루어 왔다. 좀더 거시적인 이해의 관점에서, 이 두 가지의 요소들은 상호 의존적이기 때문에 만약 둘 중 하나만을 다루게 될 경우 이상적인 전략수립이 어렵다는 것이다. 다른 분야처럼 역사보존은 주민들, 상업시설 운영자들, 주택운동가들, 경제개발 지지자들의 이익을 실현시킬 수 있는 매개체 역할을 한다.

> 건강한 근린주거단지는 매력적이며 거주할 만한 주택과 함께 시작하지만, 이들의 안정성은 수많은 사업체들 – 식료품점, 약국, 커피숍, 레스토랑, 이발소, 생활가전 판매점 및 다양한 서비스들에 달려 있다.
>
> -A Roadmap to Revitalizing Urban Neighborhood Business Districts

67. 근린주거단지에 위치한 상업지구는 일자리의 창출을 의미한다.

대다수의 경우에 도심지가 도시와 마주하고 있는 것처럼 주거단지 내에 위치한 상업지구들도 주거단지를 면하고 있다. 그리고 주택단지는 물건과 서비스를 구입하는 장소 이상의 역할을 한다. 그것은 사람들이 만나고, 의사소통을 하며 북적거리는 장소이다. 주택가 내에 위치한 상업지구는 지역 정치가가 홍보를 하는 곳이고, 주택가를 위한 경찰서가 세워지는 장소이며, 미국 독립기념일을 기념하는 시민행렬이 벌어지는 곳이다.

물론 이런 상업지구들의 상업적인 상품과 서비스에 관한 역할도 주거단지 내 삶에 활력을 준다. 대형 슈퍼마켓과 같은 시설은 지구 내에 들어 설 수도 있고 들어서지 않을 수도 있지만, (소규모의) 모퉁이 식료품 가게는 반드시 들어가 있다.

▶ Waynesboro, Virginia

그렇다면 누가 이런 도심지에 위치한 오래된 주택단지의 운영을 이끌어 갈 시간과 여력이 있는가? 지역 주택단지의 상업시설들이 인근 주민들을 위한 중요한 역할을 수행할 수 있다.

경제적인 활동들이 일자리를 창출하듯, 근린주거단지 내 상업지구에서 창출된 일자리가 이웃주민들에 의해 압도적인 비율로 채워질 것이다. 종업원들은 걸어서 직장에 가거나 방과 후에 일터로 갈수 있다. 약국의 회계사는 점심을 먹으러 집에 잠시 다녀오거나, 아이를 보기 위해 한 시간 정도 학교를 방문할 수도 있을 것이다.

이렇듯 상업지구들은 근린주거단지 내에서 중요한 역할을 한다. 이것이 역사보존과 어떤 연관성을 갖는가? 근린주거단지에 위치한 상업지구들에서 역사건물들의 중요성은 즉각적으로 발생한다.

> 주거단지 내 상업지역들은 … 물건과 서비스를 제공하는 기능을 넘어 근린주택지구의 정체성을 규정하는 데 도움을 준다. 게다가 이런 오래된 상업지역들은 이웃주민들에게 고용기회와 편리한 쇼핑환경을 제공해 준다.
>
> - Nation's Cities Weekly, "Neighborhood Commercial Revitalization in Fort Worth"

68. 성장 가능한 근린주거단지 내 상업지구들은 주거단지를 발전시킨다.

성장 가능한 주거단지 내 상업지구는 단지 빵을 사는 것과 같은 상행위 이상의 의미를 갖는다. 주거단지 전체의 질과 편의는 주변 상업지구의 인근에 위치함으로써 향상된다.

▶ Mineral Point, Wisconsin

솔직하게 말하면, 주민들과 사업하는 사람들은 서로가 필요하다. 지역사회 내 상업시설들이 없다면 주민들은 개인이 직영하지 않는 전국에 체인을 둔 가게에서 기본적인 서비스들을 받아야 하고, 이를 위해 먼 거리를 운전해야만 할 것이다. 주민이 중심이 된 단골고객이 없다면, 지역사회 내 상업시설들은 생존 자체에 압박을 받을 것이다. 상호 이익의 추구라는 주제는 호톤 대로(Hwathorne Boulevard)26에서 벌이고 있는 메인 스트리트(Main Street) 프로그램에서 주요 관심사였다.

- People, Places & Activities in Urban Neighborhoods

지역 소매상점이 밀집한 거리들은 많은 주거단지에서 필요한 부분이었다. 이런 상점들은 지역사회 내 일상행위의 중심지로서 상시 필요한 물건들과 서비스, 기능에 편리하게 접근할 수 있도록 해주고 주변에 사는 주민들의 매력을 증진시켜 주었다.

- Shaping the City's Future

하지만 동전의 양면처럼 (주거단지 내) 상업지구가 쇠퇴하면 어떤 일이 발생하는가? 상업시설물의 공동화(vacancy)는 주거지역의 공동화와 똑 같은 종류의 영향을 준다. 주민들은 빵을 사기 위한 장소를 잃을 뿐만 아니라, 모퉁이 생필품 가게에서 제공하던 일자리가 더 이상 없게 되고 (이러한 소비의 부재로 인해) 소비세가 걷힐 수 없으며, 광고나 임대 혹은 주변시설과 관계되는 세금 역시 사라지게 된다.

주거단지 내 상업지구 보존에 기반을 둔 경제개발전략을 적용하는 것이 전국적인 메인 스트리트(Main Street) 센터의 활동요소로 급성장하고 있는 것은 그리 놀랄만한 일은 아니다. 메인 스트리트 프로그램에 의한 접근은 소도시에 위치한 도심뿐만 아니라, 대도시의 도심 주거단지 내 상업센터들에도 적용된다.

---

26. 오리건(Oregon)주 포틀랜드(Portland)의 호톤지구(The Hawthorne District)는 남동쪽의 호톤 고속도로와 나란히 위치해 있다. 호톤지구는 젊고 자유분방한 주민들 및 보행친화적인 고밀도의 복합용도 개발정책으로 유명하다. 역사적으로, 이 지구는 X세대와 히피들로 북적였으며, 더욱 최근에는 힙스터들로 분비고 있다. 특히 오래된 주택들과 아파트, 지역 내에 위치한 상가와 레스토랑은 주민들에게 큰 매력요소로 자리 잡고 있다.

69. 역사보존은 근린주거단지 내 상업을 보호해준다.

이전의 논의들에서는 어떻게 역사건물들이 이제 막 창업하는 사업체들을 위해 훌륭한 양성소가 되는지, 오래된 건물들에 적용되는 더 낮은 임대료가 어떻게 많은 소규모 사업체들이 생존하는 데 도움을 주는지, 다양한 임대료 선택의 폭을 가진 도심지가 어떻게 벤처(venture)사업가들이 자발적인 힘으로 운영할 수 있게 해주는지에 대해 다루었다.

이런 모든 논의들이 근린주거단지 내 상업지구에서도 똑 같은 효과를 나타낸다. 도시에서 이런 지구들은 흔히 모든 종류의 신규사업 운영자들을 위한 경제의 주요 흐름에 관한 방향을 제시해 주지만, 특히 새로 이주해온 사람들에게 그렇다. 상업지구에 위치한 소규모 사업체의 운영자를 방문해 보라. 여러분들은 나이지리아인(Nigerian), 이란인(Iranian), 한국인(Korean), 엘살바도르인(Salvadorian), 이스라엘인(Israelis), 인도인(Indian), 자메이카인(Jamaicans), 폴란드인(Poles)등 다양한 사람들을 만나게 될 지도 모른다. 이들이 운영하는 상가의 비교적 낮은 임대료와 놀랄 만큼 긴 운영시간은 계속해서 운영을 유지해 나가게 하는 요인이다. 그리고 이에 대한 수혜자들은 인근거리에서도 빵을 구입할 수 있는 근린주거단지 내 주민들이다.

> 도심 내부에 위치한 역사건물들을 보존하는 것은 주거단지 내 신축된 상업지구에서 요구하는 임대료를 낼만 한 경제적 여유가 되지 않는 양복점, 세탁소, 식료품점과 다른 소규모 상점들처럼 (상대적으로) 낮은 이윤을 추구하는 서비스업종을 구제하는 것이다.
>
> -Economic Incentives for Historic Preservation in Atlanta

> 근린주거단지 내 상업지구에서 역사건물들은 일반적으로 낮은 이윤을 추구하는 소규모 상점들을 위해 경제적으로 임대 가능한 공간을 제공하며, 이런 상점들을 통해 주택단지 내 경제활동들은 활력을 얻게 된다.
>
> -Forum Journal, "Economic Incentives for Historic Preservation : Oakland, California"

70. 성장 가능한 상업지구들은 경제적인 통합을 더해준다.

일부 주거단지에 거주하는 주민들이 이사할 경제적 여력이 되지 않아, 현재 살고 있는 장소에 머물러야 한다는 것은 슬프지만 사실이다. 가령, 상업지구가 내일 하루 (일시적으로) 문을 닫는다면, 이 사람들은 3마일 떨어진 다음 지구로 가는 버스를 타기만 하면 된다. 대다수의 사람들, 심지어 주택단지 내 더 가난한 주민들이라고 하더라도 버스를 타고 움직일 만한 경제적 여력은 있다. 만약에 상업지구 자체가 사라져 버린다면, 이들은 주거단지를 떠날 것이다. 결론적으로 가난 한 사람들 중 점점 더 많은 수가 낙후되는 현상이 발생하는 것이다.

하지만 반대의 경우 역시 사실이다. 이런 주거단지 내 상업시설들이 근면한 근무자세와 낮은 경비를 통해 번창하기 때문에, 비록 미약한 정도일지라도 경제적 의미의 부(富)가 주거단지 내에서 발생하게 되는 것이다. 역사주거단지는 성장 가능한 상업지구들이 새로운 거주자들을 유치하고 더 심화된 경제적인 통합을 이루도록 하는 역할을 한다. 주거단지 내에서 이루어지는 더욱 다양한 규모의 가계 내 수입들이 상품과 서비스의 더 폭넓은 다양성을 이끌어내는 것이다. 역사보존은 이런 과정의 부분으로 필요한 것이다.

> 건강한 지역사회라는 개념은 경제적으로 통합된 곳을 의미한다. 과거 아프리카계 미국인으로 구성된 지역사회들은 주거단지에서 발생하는 대부분의 요구를 수용할 수 있는 성장 가능한 상업시설들과 더불어 복합적인 수입을 낼 수 있었다.
>
> -Historic Preservation as a Means of Community Economic Development

제 8 장

관광전략으로서 역사보존

Historic Preservation as a Tourism Strategy

71. 역사보존을 포함하는 문화관광사업(cultural tourism)은 세계적으로 성장하고 있는 산업이다.

소비습관, 여행패턴과 인구통계뿐만 아니라 예술과 역사에 관심이 있는 수많은 관광객들은 미국 내 여행경험에서 역사와 문화가 중요하며, 성장하고 있는 부분으로 계속될 것이라는 점에 아무런 의구심을 갖지 않는다. 여행산업은 장래에 관심을 가질 필요가 있는 시장인 것이다.

- William S. Norman, President and CEO of the Travel Industry Association of America

세상은 예술적 성과물의 수출, 관광객 유치처럼 점차 문화를 기반으로 하는 산업들의 성장에 주목하고 있다.

-Culture and Development at the Millennium

세계 여러 곳에서는 문화적인 역사건물들을 보호함으로써, 우리 모두가 과거세대의 성취들을 이해할 수 있도록 일조한다. 이는 오늘날 세상이 여행과 관광을 홍보하는 것과 더불어 더 가까이 할 수 있도록 돕고, 더 중요한 점은, 이로 인해 우리의 과거기념물들이 미래세대들에게 영감을 불어 넣어줄 것이 보장된다는 점이다.

-Kenneth I. Chenault, Chairman and CEO, American Express

내가 여기에 어떤 것을 더 할 수 있을까?

72. 역사자원은 관광객 유치를 위해 지역사회가 가지고 있는 가장 강력한 자산 중의 하나이다.

우리 모두가 도로시(Dorothy)[27]의 믿음, 즉 "내 집만 한 곳은 없다."라는 말에 공감할지도 모르지만, 집과 같이 편안한 곳을 발견하기 위해 여행을 떠나는 것은 아니다. 우리는 시간과 경제적인 여유가 허락하는 한도 내에서 집을 떠나 휴가를 가게 되는 것이다.

하지만 이제 바닷가에 누워 있는 것에 만족하거나, 화롯불 옆에서 잠을 청하는 등의 소극적인 관광객들은 점차 줄어들고 있는 실정이다. 우리는 보고 배우기 위해서 여행을 한다. 우리 대다수에게 배움이라는 것은 적극적인 행위이며, 경험을 통해서 배운다. 우리는 진정으로 뉴욕(New York)의 거리, 뉴멕시코(New Mexico)의 푸에블로 인디언(Pueblo Indian)[28], 혹은 아이오와(Iowa)의 작은 마을 등과 같은 장소들을 경험하기를 원한다. 어떻게 하면 사람들이 역사건물을 통해 보다 더 나은 장소를 경험할 수 있을까?

역사건조물들의 재활용과 보존은 호스텔이 국제미국여행자숙소(International American Youth Hostel : HI-AYH)에서 숙박하는 개념을 심화시켰듯, 모든 사

27. 오즈의 마법사는 미국 작가인 프랭크 바움(L. Frank Baum)이 쓴 소설로, 1939년에 영화로 만들어져 큰 인기를 모았다. (역자 주)
28. 푸에블로인들(Pueblos)은 미국 북서지역에 위치한 전통적인 원주민 지역사회이다. 이 지역사회의 일부 마을은 벽돌 건물들로 인해 전세계적으로 널리 알려져 있으며, 현재에는 벽돌로 조성된 건물들은 불과 몇 푸에블로인만이 소유하고 있다. (역자 주)

람들에게 도움이 되었는데 특히 젊은이들이 세계와 그 곳의 사람들에 대한 이해를 얻는데 도움이 되었다 … 역사적인 곳에 호스텔을 개발하면 HI-AYH는 앞으로 발생할 방문객들을 위해 역사적, 건축적인 특성을 보존하려고 노력할 것이다. 역사건물에 있는 호스텔들은 HI-AYH의 교육의도와 잘 부합하며, 미국의 과거에 대한 독특한 성찰을 제공해준다.

-American Youth Hostels, Historic Hostels

▶ Racine, Wisconsin

우리는 보고 듣는 것을 통해 배우며, 어느 장소에 대해 가이드를 통해서 혹은 안내책자를 읽음으로써 알게 된다. 우리는 비디오나 엽서를 통해 장소를 볼 수 있다. 하지만 이런 유형의 학습은 거의 항상 간접경험으로 그친다. 직접적인 지각을 바탕으로 우리가 장소를 배우는 것은 오로지 건물과 함께 있을 때다. 우리는 (방문한 건물에 대해서) 벽돌을 통해서 볼 수 있고, 난간을 통해서 느끼고, 복도나 회랑을 통해 걸을 때 나는 냄새를 맡을 수 있으며, 로비를 통해 울리는 메아리를 통해서 들을 수 있고, 실내 공기에 묻어나는 건물향을 음미할 수 있다. 문자 그대로, 우리는 그 장소의 역사가 발생한 바로 그 지점에서 서 있게 되는 것이다.

소도시들의 매력과 특성이 방문객들에게 혹은 그들이 발견하게 되는 상태가 관광사업의 중요한 요소가 된다는 것은 관광업계 전반에 널리 알려져 있다. 사람들은 과거의 시간을 방문하기 위해 혹은 그들이 사는 도시에서는 경험할 수 없는 소규모 마을의 전원생활형태를 경험하기 위해 많은 곳을 여행한다 … 이것은 왜 역사보존에 관한 운동이 전세계적으로 관광을 장려하는 기관들과 관광회사들에 의해 광범위한 지지를 받는지를 설명해주는 요인 중 하나이다.

-Travel expert Arthur Frommer

전세계에 걸쳐 실시된 연구들을 통해 역사유적지들과 건물들이 관광객들과 여행객들에게 첫 번째 혹은 두 번째로 중요한 매력적인 요소라는 점을 보여주기 시작하고 있음을 알 수 있다. 역사유적지들은 오늘날 재현된 관광을 목적으로 하는 자산들보다 더 중요하다.

-Forum Journal, "Selling America's Heritage … Without Selling out"

미국에서 발생하는 평균적인 여행과 비교해 볼 때, 역사·문화 여행들은 7박 혹은 그 이상 (숙박)기간이 길고, 항공, 차량임대(렌터카), 호텔숙박을 포함한다. 역사·문화 여행자들은 또한 목적지에서 역사적이고 문화적인 경험을 위해 여정을 연장하는 경향이 있다. 사실상, 10명 중 4명꼴로 특히 역사적·문화적 활동을 이유로 여행일정을 연장했다.

- Travel Industry Association of America

(문화)유산 관광은 지역사업체들에게 신선한 외부자금을 유치함으로써, 지역경제를 튼실하게 한다. 그리고 이 자금은 이후 급여와 새로운 소비의 형태로 지역사회에 재활용된다.

- Main Street News, "Is Heritage Tourism Right for Your Community?"

73. 역사적인 매력에 의해 발생된 수입은 주경제(State Economy)를 위한 금전적 수입을 의미한다.

우리는 여행을 하면서 돈을 쓴다. 관광은 더 이상 관광개발전문가들에게 경제적인 성장의 주변부로 인식되는 것이 아니라, 경제성장의 중추적인 역할로 인식된다.

유산 관광객들은 평균적인 미국 여행객들보다 목적지에서 더 많은 돈을 지출하고, 더 오래 머문다. 유산 여행객 중 거의 절반정도가 그들의 일정에 1~2개 정도 추가로 다른 주를 포함시킨다. 여행별 지출을 보면, 유산 관광객들이 688달러를 소비한 반면, 모든 다른 목적의 관광객들은 425달러를 소비한다. 체류기간을 보면, 유산 관광객은 5.2박을 머무르는 반면, 모든 다른 여행자들은 3.3박을 머문다.

- The Economic Impact of Historic Preservation in Georgia

관광과 상업용도의 접객(接客)시장은 사업체의 확장 및 (관광객의) 흡인력과 동등한 성장 가능한 개발정책으로 등장하기 시작했고, (이를 통해) 여러분 스스로 운영하는 사업체의 성장을 가져오며, 개발수출과 역투자를 가능하게 한다. 노령화되어가는 세대를 대상으로 하는 서비스를 근간으로 하는 경제구조에서 이 두 가지 사업들은 일반적으로 국가 전체의 경제성장률보다 앞설 것이라고 전망된다.

- Marketing Places

우리 주(state)와 국가(nation)에 기여해 왔던 미주리주(Missouri)의 개인과 단체들에게 일상의 기념품과 똑같은 많은 역사건물들은 우리 주에도 방문객들을 유치한다. 미주리의 관광산업은 매년 125억 달러 이상의 소득을 창출하고, 250,000명에게 일자리를 제공해준다. 대신에, 미주리는 문화관광에 매우 중요한 역사건물들의 보존은 건설산업에서 13,800명의 일자리를 추가로 창출한다.

-Forum Journal, "In Missouri, Preservation Makes Economic Sense"

텍사스(Texas)를 여행하는 3억 6,600만 명 중 11퍼센트인 4,070만 명이 유산과 관련되었다. 뉴저지(New Jersey)에서 유산관련 여행객은 5.4퍼센트였다. 두 주에서 유산 관련 여행자들은 상대적으로 일반 여행객들보다 더 많은 지출을 했다. 예를 들면, (텍사스에서 유산 여행객들은) 다른 여행객들에 의해 지출된 1일 소비된 88달러에 비해 114달러를 소비했다.

-Forum Journal, "Economic Impacts of Preservation in New Jersey and Texas"

관광사업을 통해 걷어들인 주 세금은 많으며, 기름값, 소비세, 공항이용세, 숙박세, 주차장사용료, 술과 담배세, 음식과 음료세, 오락이나 기타 활동에서 얻는 세금을 포함한다. 각 주와 걷어들이는 세금의 수에 따라 관광객들에 의해 소비된 모든 금액의 10~20퍼센트 정도가 관할 주와 지방정부의 금고로 들어간다.

유산 관광의 연간통계를 기준으로 볼 때 플로리다(Florida)는 107,607개의 일자리, 23억1,400만 달러의 소득, 45억2,200만 달러의 주 총생산, 10억9,300만 달러의 세금 (주·지방세 명목의 583만 달러 포함) 및 주 자체적인 부의 창출이 연간 약 40억4,200만 달러를 기록했다.

-Economic Impacts of Historic Preservation in Florida

74. 역사건축물은 대도시로 관광객들을 유치한다.

우리들 중 어느 누구도 대도시에 관해 모호한 입장에 있지는 않을 것이다. 우리는 대도시를 좋아하거나 싫어한다. 하지만 대도시를 싫어하는 사람들에게조차 도시는 매력이 있으며, 다른 어느 곳에서도 만족시켜줄 수 없는 매력을 선사해 준다. 랄프 왈도 에머슨(Ralph Aldo Emerson)[29]은 후자의 범주에 속하는 사람으로 도시의 난립에 반해 전원생활의 차분함을 훨씬 더 선호했던 인물이다. 하지만 에머슨조차도 도시가 아주 묘한 매력을 지니고 있다고 고백한다.

29. R. W. 에머슨(1803~1882)은 미국 출신의 수필가, 철학가, 시인이었으며, 19세기 선험론에 입각한 경향을 이끈 지도자였다. (역자 주)

여행이 주는 기쁨은 파리(Paris), 플로렌스(Florence), 혹은 로마(Rome)처럼 새로운 도시에 도착했을 때 느낄 수 있다. 이런 감정은 자유로운 모험과 같은 것이며, 당신은 아무런 의무감도 필요가 없게 된다. 누구도 당신을 알지 못하고, 당신에게 시비를 걸지도 않으며, 당신은 마치 투표일을 처음 맞이하는 소년이 된 한 착각을 할 것이다. 오래된 문명은 오로지 이 거대한 도시, 그 안에서의 경이로움, 건축, 정원, 장식, 전시관 등을 당신에게 선사할 것이며, 이것들은 생각보다 그리 많은 비용을 필요로 하지 않을 것이다.

▶ Spokane, Washington

오늘날 우리 도시의 오래된 문명과 그 안의 경이로운 것들－건축, 정원, 장식, 전시관 등－은 여전히 우리에게 자유로운 모험의 기분을 느끼게 해준다. 보스턴(Boston), 뉴욕(New York), 시카고(Chicago), 워싱턴(Washington, D.C.) 같이 적어도 역사건축물들을 보존하기 위해 최선을 다했던 모든 도시들은 관광객들로부터 흘러나오는 돈을 걷어들이고 있다.

> 시카고의 역사적인 건축은 도시로 방문객들을 끌어들이는 데 중요한 요소이며, 그들로 하여금 여분의 시간과 돈을 소비하게끔 유도하고 관광을 하게 하며, 관광수입 증대에 기여를 한다 … 일리노이(Illinois)주 관광사업국에 의해 실시된 조사에 따르면, 방문객들의 마음에 (시카고 시민이 된 듯 한 동화감과 같은) 도시의 이미지를 각인시키는 데 가장 영향을 주는 요소들 중 하나가 "흥미를 유발하는 건물들과 건축"이었다. 1993년 마켓팩트 주식회사(Market Facts, Inc.)의 연구에 따르면 건축과 기념물들은 관광객들에게 시카고를 각인시키는 3대 요소 중 하나인 것으로 드러났다.
>
> －Property Tax Incentives for Landmarks : An Analysis

> 보스턴의 역사적인 특징은 관광객들, 방문객들, 사업차 출장온 사람들, 학생들, 영화인들, 미래의 거주자들에게 가장 매력적인 면을 선사함으로써 보스턴이 세계 일류도시로 발돋움할 수 있도록 했다. 예를 들면, 1년 동안 여행과 여행산업만으로 벌어들인 수입은 건설업, 제조업, 도매업계의 수입을 합한 것보다 더 많았다.
>
> －Save Our City : A Case for Boston

어떤 특별한 여가와 관련된 호소력(recreational appeal)을 가지고 있지 않는 도시들 중 그들의 과거를 잘 보존해 온 도시들에서 관광사업은 꾸준히 성장했으며, 그렇지 못한 도시들은 관광사업이 전혀 이루어지지 못했다. 이것은 정말 단순한 논리이다.

-Travel expert Arthur Frommer

75. 역사적 특징은 소도시(small towns)에 관광객을 유치한다.

대도시들이 유명건축가에 의해 디자인된 건축물을 가지고 있는 반면, 소도시들은 방문객들을 유치할 수 있는 역사적인 특징과 매력이 있다. 많은 소도시들이 역사자원을 효과적이고 금전적 이득이 되는 경제개발전략으로 활용해서 관광사업을 해 왔다.

일반적으로 시골지역 관광은 지난 3년간 미국 내 소도시로 여행을 했던 모든 미국 성인 중 62퍼센트인 8,680만 명을 포함한 많은 미국인들에게 호소력이 있다.

-Heritage Travel : South Carolina 2001 Tourism Report Series

▶ Savannah, Georgia

지속 가능한 문화유산을 활용한 관광사업을 위해, 소도시들은 세 가지의 원칙에 근거하여 전략이 수립되어야 한다는 것을 발견했다. ① 관광사업은 진실해야만 한다. 가짜로 꾸며진 오래된 서부식 마을들 혹은 원시주거지들은 일시적으로 효과적일 수 있지만, 지속적인 대안이 될 수 없다. ② 대중적인 (개인적인 개념과 반대되는) 성공으로 살아남기 위해서는 일정한 질(quality)이 확보되어야 한다. ③ 차별화가 이루어져야 한다. 지역사회의 독특한 특징들이 인식되고, 보존되고, 향상되고, (관광사업으로) 거래될 필요가 있다.

아름다움(beauty)은 어떤 것처럼 비슷하게 보이는 것이 아니다 … 아름다움은 그것들이 원래부터 가지고 있는 특성을 말한다.

-Lila

> 9.11 테러 이후 2년 동안, 미국인들의 여행 유형은 변화해왔다. 사람들은 거주지에서 인접한 곳에 머물고 있고, 대규모 단체로 관광을 하고, 미국 내 유산들을 배우는 데 더 많은 관심이 있다. 관광의 다른 영역들이 침체되어 있는 동안, 유산관련 관광은 기세 좋게 성장해 왔다.
>
> -Urban Land, "The History Draw"

일반적인 소매업형태보다 개인적인 관광사업과 관련한 상행위들은 훨씬 상호 의존적이다. 고객을 확보하고, 고객에게 판매하고, 고객의 요구에 부합하고, 고객의 변화하는 기호에 발맞춰 가는 등의 행위는 개인적인 행위가 아니라 단체를 기반으로 한 움직임을 요구한다. 지역문화유산 관광사업 프로그램의 개발은 지역사회와 개인사업 운영자들이 이런 점을 이해하는 데 도움을 준다.

> 이런 관점에서 볼 때 버몬트(Vermont)의 역사건조물들과 그것들이 속한 매력적인 도심지 상업지구 및 역사건조물들이 지닌 강한 장소성은 단순히 소중한 자산 이상의 의미를 지닌다. 관광에서 이들의 중요성은 대단하며, 소속된 곳에 거주하는 시민들을 위해 주요 수입원으로 보존할 필요가 있는 공공시설물들로 사용된다.
>
> -Travel expert Arthur Frommer

76. 역사자원에 대한 투자와 정치적인 의지가 성공적인 문화관광사업의 핵심이다.

관광은 흔히 경제개발을 하는 과정에서 무료로 만들어지는 것으로 오해 받기 쉽다. "사람들은 (관광을) 와서 돈을 쓰고 떠난다. 우리는 새로운 학교나, 상수도관, 하수도 관리시설을 세울 필요가 없다. 모든 관광관련 수입은 쉽게 벌어들이는 수입이다." 관광사업, 특히 유산을 활용한 관광사업을 진정으로 이해하는 사람들은 이런 진술들이 단순히 그렇지 않다는 것을 안다. 관광은 실제로는 투자가 이루어지는 것이며, 경제적으로 정치적인 의지로 측정된다. (하지만) 불행하게도 관광지를 열망하는 모든 도시들이 이런 지출에 대해 이해하고 있는 것은 아니다.

> 많은 소도시들이 관광사업과 관련된 세금에 대한 확약(確約) 없는 상태에서는 보존 프로젝트에 공공자금을 투자하기를 꺼린다. 하지만 공공이든 개인이든 간에 투자는 물건을 파는 행위보다 훨씬 더 중요하다.
>
> -Governing, "History is Hot! Cities and States Are Cashing In!"

▶ Old Salem, North Carolina

지속 가능한 유산관광의 성공을 위해서는 비록 그것이 단기이익밖에 기대할 수 없는 경우에라도 투자가 이루어져야 한다. 역사지구 중심에 위치한 세븐일레븐(Seven Eleven)[30]은 방문객들을 위한 가솔린 판매, 건설현장 직원들을 위한 모닝커피, 시를 위한 세금, 15년 동안 비워져 있었던 시내의 빈 토지의 활용 등 여러 가지 요구에 부응한다. 하지만 역으로 생각해 보면, 세븐일레븐은 역사 도심지의 인상에 영향을 주고, 결국 운영을 허락하기에는 너무 비싼 대가를 치르게 될 것이다.

> 유산 관광에 대한 견해는 경제적인 수단으로써 관대한 즐거움(tolerant amusement)으로 취급받은 적이 있었지만, 지금은 공무원들이 이 생각을 포용하고 있는 중이다.
>
> -Governing, "History is Hot! Cities and States Are Cashing In!"

> 아메리칸 익스프레스(American Express)[31]는 위기에 처한 역사적인 유적지들의 보존에 대해서 우리 스스로의 미래를 위할 뿐 아니라, 모든 여행과 관광산업의 미래를 위한 활기찬 원인으로 본다.
>
> -Kenneth I, Chenault, Chairman and CEO, American Express

77. 역사유적지를 방문한 관광객들은 돈뿐만 아니라 다른 기회들도 가져다 준다.

관광이 지역정부의 금고에 가져다주는 경제적 보상에 대해 앞 절에서 논의해 보았다. 역사적인 매력에 이끌려서 온 방문객들은 방문한 지역에 다른 형태로도 중요한 영향을 미친다.

---

30. 1927년 미국 텍사스주 댈러스에서 창업한 이후, 세븐일레븐(7-Eleven)은 2007년 이후부터 전세계에서 가장 영향력 있는 편의점 체인으로 성장했으며, 일본, 미국, 대만, 태국 등 18개국에 분포해 있다. (역자 주)
31. 아메리칸 익스프레스(American Express)는 흔히 아멕스(AmEx)로 더 잘 알려져 있으며, 세계적 금융서비스를 제공하는 회사이다. 본사는 뉴욕에 소재하고 있으며, 신용카드 및 여행자수표와 관련한 사업으로 유명하다. (역자 주)

보존은 도시처럼 어떤 한 유형의 장소에만 한정된 것이 아니라, 오히려 주(state) 전체에 걸쳐 (평야에 위치한 농촌지역 마을부터 산간지역 스키 리조트에 이르기까지) 모든 유형의 지역사회에서 그 역할을 수행한다.

-The Economic Benefits of Historic Preservation in Colorado

단기간에 발생하는 유산관광의 영향력을 측정하는 것은 더 큰 기회를 잃어버리게 만든다. 성공적인 관광의 궁극적인 시험대는 방문객이 그 장소에 다시 올 것인지 말 것인지를 결정하는 순간에 발생한다. 아마도 방문객이 재방문하고, 이주하고, 혹은 그곳에서 은퇴하기를 바라는 것은 중요하지 않을지도 모른다. 언제가 다시 돌아오기를 원하는 바람이 성공의 관건이다. 주로 관광지로 손꼽히는 많은 장소들이 은퇴 후에 이주하고 싶은 곳으로 꼽히는 사우스다코타(South Dakota)의 블랙힐(Black Hill), 플로리다(Florida)의 멕시코 연안(Gulf coast), 사우스캐롤라이나(South Carolina) 로우 컨트리(Low country), 노스캐롤라이나(North Carolina)의 산악지대들, 뉴잉글랜드(New England)의 소도시들, 와이오밍(Wyoming)에 있는 오자르크(Ozarks) 혹은 풋힐스(foothills) 등과 반드시 일치한다고는 할 수는 없다.

▶ Flagstaff, Arizona

선호하는 휴양지로써 미국의 소도시들과 전원 마을들을 재발견하는 것은 도시에 거주하는 미국인들 사이에서 등장한 새로운 경향이다 … 남동부 지역에 있는 소도시들과 시골들은 이런 것을 원하는 모든 사람들에게 고향이 될 수 있을 것이다.

-Enhancing Rural Economies through Amenity Resources, "Beauty-The South's Money Crop"

유산 관광이 지역주민들을 위한 삶의 질을 개선하는데 도움을 줄 때, 그곳은 살만하고 일할만한 장소로써 지역사회에 대한 호소력도 증가시킨다.

-Main Street News, "Is Heritage Tourism Right for Your Community"

78. 개별 역사자산들은 상당한 경제적 파급효과를 가지고 있다.

일부 역사유적지들은 그 자체로 상당한 중요성을 가지고 있어서, 자체적으로도 관광객을 유치하는데 손색이 없다. 미국 내셔널트러스트가 보유한 역사자산들은 확실히 이런 범주에 속하는 것들이다. 이런 중요한 트러스트의 역사자산 중 하나인 프랭크 로이드 라이트(Frank Lloyd Wright)32가 설계한 주택과 스튜디오를 관리하는 총감독관은 라이트의 건물 하나가 지역사회에 미치는 경제적인 효과를 다음과 같이 평가했다.

▶ Old Salem, North Carolina

> 프랭크 로이드 라이트 주택과 스튜디오를 방문하는 방문객들은 더 규모가 큰 시카고(Chicago) 지방에서 2,600만 달러의 경제활동과 옥 파크(Oak Park) 지방만을 볼 때에도 550만 달러의 경제활동을 일구어냈다. 이런 조사를 통해, 호텔, 식당, 소매상들에서도 160만 달러의 수입이 난 것으로 밝혀졌다. 방문객 중 45퍼센트가 관광 전후로 이 지역에서 식사를 했으며, 66퍼센트 정도가 시카고 외곽지역에서 여행온 사람들이었다. 19퍼센트가 라이트의 주택과 스튜디오에 한 번 이상 방문한 사람들 이었다… 표준 고용 증식(standard employment multipliers)을 고려해 보았을 때, 재단의 활동으로 인해 재단 내 창출되는 자체 일자리를 포함해서 시카고지역 내에 200개의 일자리를 창출하고 있다.
>
> - Economics of an Architectural Legacy

유산 방문객은 단순히 한 명 더 추가된 관광객이 아니다. 이들은 중요한 경제적 파급효과를 가진 방문객이다.

---

32. 프랭크 로이드 라이트(1867~1959)는 미국에서 활동했던 일리노이주 옥 파크 출신의 건축가이자, 실내디자이너, 작가, 교육자, 철학자였다. 그는 1,000여 개의 프로젝트를 추진했고, 이 중 대략 500개 이상이 완공되었다. 라이트는 낙수장(Fallingwater)으로 대표되는 유기적인 건축(organic architecture), 로비하우스(Robie House)로 대표되는 프레리 건축학파(Prairie School of architecture)를 이끌었다.

역사유적지 방문객의 특징
- 다른 여행객들보다 평균적으로 하루에 62달러를 더 소비한다.
- 90퍼센트가 동반 가족들과 함께 온다.
- 55퍼센트가 집에서 벗어나 숙박에 돈을 쓴다.
- 58퍼센트가 정규직에 근무한다.
- 64퍼센트가 처음으로 유적지를 방문하고 있다.
- 84퍼센트가 다른 사람들을 데리고 다시 유적지를 방문하거나 다시 찾을 것이다.

-Profiting from the Past : The Impact of Historic Preservation on the North Carolina Economy

79. 박물관들은 지역경제에 상당한 영향을 준다.

예전에 역사보존은 주로 박물관 내에서 이루어졌다. (하지만) 이제는 더 이상 사실이 아니다. 보존은 현재 주택프로그램, 경제개발전략, 도심지 활성화 노력, 관광사업계획, 예술시설들에 있어 중요한 요소이다. 보존운동가들이 그들의 관심을 다시 예전의 박물관 관련 활동에 두는 것은 실수일지도 모르나, (어쨌든) 이런 박물관들은 나라 전체적으로 볼 때 지역경제에 중요한 역할을 수행한다.

비영리 예술의 놀라운 경제적 파급효과에 대해 인식하고 이해함으로써, 우리는 항상 예술의 근본적인 가치를 기억해야만 한다. 예술은 미, 창조성, 고유성, 지속성을 전파한다. 예술은 우리에게 영감을 주고, 우리를 순화시키고, 우리에게 뭔가를 불러일으키며, 우리를 엮어주며, 연결시킨다 … 하지만, 예술은 또한 일자리를 창출하고, 경제에 기여한다.

-The Economic Impact of the Arts on New York and New York State

(관광객에 의해) 볼티모어(Baltimore)에서 소비되는 매 1달러는 지역경제에 12.31달러를 더해준다 … 볼티모어 전체는 2억1,500만 달러의 규모의 경제적인 영향력을 갖는다.

-Profiting from the Past : The Impact of Historic Preservation on the North Carolina Economy

여기 미국 박물관협회에 관한 몇 가지 추가된 사실들이 있다.

- 역사박물관들과 유적지들은 27,300명의 정규직 직원들과 더불어 18,700명의 임

시직 직원들을 고용하고 있다.

- 이들을 운영하기 위해 쓰이는 자금은 연간 9억7,100만 달러이다.
- 이들이 보유한 기부금의 가치는 10억 달러 이상이다.

이런 박물관들의 90퍼센트가 35만 달러 이하의 개별자산을 가지고 있다는 것을 고려해 볼 때, 위와 같은 종합적인 경제전망은 매우 인상적이다. 우리 모두가 지역사회에 소속된 소규모 상업시설들을 찬양하고 있고 또 그래야만 한다. 하지만 우리는 흔히들 지역 내 역사박물관에 의해 나타나는 소규모사업과 지역경제에 미치는 영향에 대해서는 간과해 왔을지도 모른다. 이런 시설들은 미래의 보존운동가들을 양성하는 일에 일조하는 것 이상의 역할도 담당하게 될 것이다. 매년 이런 박물관들에서 1,500만 명의 어린이들이 지역사회의 역사에 관해 배운다.

80. 보존과 예술작품들은 지역사회에서 삶의 질을 위한 동반자이며, 예술품들은 중요한 경제적 파급효과가 있다.

역사구조물 내에 수용된 모든 활동 중에서 아마도 예술작품들과 역사보존만큼 상호 밀접한 관련을 가지는 활동은 없을 것이다. 얼마나 많은 예술관련 시설들이 역사건물 내부에 위치했는지에 관한 정확한 수를 측정하는 것은 불가능하겠지만, 그 비율은 실로 엄청날 것임에 틀림없다. 국가기념물(national landmark)로 지정된 많은 예술관련 시설들이 기념비적인 건물들이기도 한데, 예를 들면, 카네기 홀(Carnegie Hall), 메트로폴리탄 박물관(Metropolitan Museum of Art), 시카고 예술협회(Chicago Institute of Art), 내셔널 아트 갤러리(National Gallery of Art), 펜실베이니아 대학의 순수예술박물관(the Pennsylvania Academy of Fine Arts), 할리우드 볼(Hollywood Bowl)[33] 등이 이에 속한다.

예술품과 관련된 이런 건물들은 역사보존에 관련한 것들과 똑같은 어려움에 직면한다. 예술관련 시설물들은 경기가 어려울 때에 버려져야 하는 사치스러운 허식이 아니라, 문화적인 영향력뿐만 아니라 경제적인 영향력을 가진 사업으로 입증되

33. 할리우드 볼은 미국 캘리포니아주의 할리우드에 소재한 현대식 야외공연장으로, 주로 음악회가 열린다. (역자 주)

어야 하는 것이다. 여기 뉴욕주(New York State)에서 실시된 분석결과 중 중요한 대목이 있다.

> 1995년 회계연도에
>
> - 뉴욕에서 예술의 전체적인 파급효과는 130억4천만 달러였다.
> - 뉴욕주에서 예술에 의해 창출된 직·간접적인 것을 포함한 고용은 총 17만4천 명이었다.
> - 이런 활동들의 주요 결과로 환수된 세금은 4억8천만 달러였다.
> - 비영리단체들은 41억 달러의 총체적인 파급효과를 창출했다.
> - 상업용도의 극장은 총 11억 달러의 파급효과를 창출했다.
> - 상업용도의 예술갤러리들과 경매장은 총 9억 달러의 파급효과를 창출했다.
> - 동영상과 텔레비전 매출은 총 44억 달러를 창출했다.
> - 방문객의 지출은 총 28억 달러의 파급효과를 창출했다.
> - 비영리기구들, 상업용도의 예술갤러리들과 경매장, 상업용도의 영화관들에 의해 소비된 자본은 총 2억8백만 달러의 파급효과를 창출했다.
>
> -The Economic Impact of the Arts on New York City and New York State

정확히 얼마만큼 이런 규모의 경제적인 영향이 역사보존에서도 일어났는지에 대해서는 알려져 있지 않지만, 분명한 것은 역사보존도 (이 같은 현상에) 중요한 역할을 했다는 것이다. 물론 이런 현상이 발생한 곳은 뉴욕(New York), 브로드웨이(Broadway) 중심가, 미국의 문화중심가에서 발생했다. 명백하게 예술품들은 위에서 언급한 지역에서 중요한 역할을 수행했지만, 나와 여러분들이 사는 곳에서는 어떠했을까?

> 예술품들은 몬태나(Montana)에서 삶에 활력을 주는 중요한 부분이었다. 우리 지역 사람들의 삶을 풍성하게 해주었을 뿐만 아니라, 예술품들과 문화관련 활동들은 우리 주의 경제에도 큰 기여를 해 주었다.
>
> -Congressman Pat Williams in Jobs, The Arts and the Economy

> 문화활동들은 관광객들을 매료시키고, 레스토랑, 호텔, 및 관광객들의 지원에 필요한 서비스들과 같은 보조적인 시설들의 창출에 박차를 가한다. 문화시설들과 이벤트들은 건물의 가치, 세원(稅源), 지역사회를 위한 전반적인 이익을 향상시킨다. 그렇게 함으로써, 예술은 도시와 시골지역의 재활성화에 직접적인 공헌을 한다.
>
> -The Role of the Arts in Economic Development

▶ Silver City, New Mexico

일반인들의 모임인 예술을 위한 미국인들(Americans for the Arts)은 비영리 예술단체들과 그들의 관객들이 경제에 미치는 파급효과에 관한 분석을 실시했다. 발견된 사실은 다음과 같다.

- 총지출 1,340억 달러
- 정규직에 상당한 일자리 485만 달러
- 주민 세대 수입 894억 달러
- 지방정부 세입 66억 달러
- 주정부 세입 73억 달러
- 연방 소득세 세입 105억 달러

-Arts & Economic Prosperity : The Economic Impact of Nonprofit Arts Organizations and Their Audiences

대다수의 지역사회에서 예술품과 역사보존은 다음 세기를 위한 경제에 필요한 삶의 질을 합작해 내며, 오늘날의 경제에도 상당한 영향을 미친다.

예술에 관한 투자에서 우리의 참여는 지역사회의 질을 위해 예술이 중요한 역할을 한다는 것을 보여주었다. 우리는 지구촌 전역에서 어떻게 예술이 경제성장과 지역사회의 활성화의 중심에 있게 되는지도 목격해왔다. 이 연구는 선행연구에 더해졌고, 우리는 이것이 예술에 대한 투자가 좋은 정책이며 사업이라는 사례를 만드는 데 기여할 수 있는 전략이 되기를 희망한다.

-Mary Beth Salerno, President, American Express Foundation

제 9 장

역사보존과 건물경제학
Historic Preservation and Building Economics

81. 역사건물의 재활용은 신축과 비교할 때 투자대비 경쟁력 있는 대안이 된다.

사실상 모든 건물 재활용 프로젝트가 독특한 작업이기 때문에 신축공사보다 비용이 덜 든다거나 더 든다는 것에 관해서 결정할 수는 없다. 하지만 지난 30년 동안에 걸쳐서 네 가지의 신빙성 있는 원칙들이 등장했다. ① 전체적인 개선작업이 요구될 경우, 일반적으로 더 싼 단가로 신축건물을 지을 수 있다. 하지만 그렇게 건설된 신축건물은 개선되어 재활용되는 역사건물에 비해 불가피하게 더 낮은 질과 더불어 기대수명에 있어서도 훨씬 더 짧을 것이다. ② 고품질의 신축건물에 들어가는 비용은 미국 내무부(Secretary of the Intericr)에서 규정한 재활용을 위한 금액을 고려할 때, 역사건물을 재활용할 경우와 비교될 수 있으며, 이 경우에도 고품질의 신축건물은 재활용된 역사건물보다 더 비싸다. ③ 간혹 더 비싸거나 혹은 더 저렴한 공사비가 들어간 재활용된 역사건물은 단위면적대비를 고려해 볼 때, 흔히 비용대비면에서 경쟁력 있는 대안이 된다. ④ (건물의) 질(質)이 등식의 일부가 될 때, 역사보존은 거의 항상 비용대비면에서 경쟁력 있는 대안이 되어 왔다.

내셔널트러스트(National Trust), 도시토지기관(Urban Land Institute), 상공부(Department of Commerce), 내무부(Department of Interior), 보건계획기구(Institute of Health Planning) 및 다른 여타 기관들은 건물 재활용비용대비 신축공사비용에 관해 광범위한 연구를 실시해 왔다. 건설비용에 관한 지침서도 재활용건물과 신축건물에 관한 공정별 단가표(line item by line item)를 제시해 준다. 어떤 단독프로젝트가 몇 가지의 방법으로 다양화될 때 일관적인 유형이 조성된다. 만약에 건물의 해체가 필요하지 않을 경우, 주요 상업용도의 건물 재활용공사는 아마도 신축공사에 소요되는 비용보다 상대적으로 볼 때 9~12퍼센트 정도 소요되며, 4퍼센트 정도의 전형적인 소요비용이 절감된다. 반면에 만약 신축공사가 기존건물의 해체비용을 포함하게 될 경우, 건물 재활용으로부터 절약되는 비용은 3~16퍼센트로 증가한다.

> 건설적인 관점에서 보면 역사보존은 신축공사와 비교해서 몇 가지의 장점들을 가지고 있다. 예를 들면, 오래된 건물에서 건조물에 소요되는 비용은 일반적으로 총소요공사비 대비 5~12 퍼센트 정도의 비용절감이 있으며, 신축공사에 평균적으로 소요되는 비용의 절반정도 수준이다.
>
> - Historic Preservation in the 1990s

82. 역사건조물들의 재활용은 소요 비용에 비해 효과적인 기존 자산의 재활용이다.

역사구조물의 전면 재활용 혹은 신축건물을 짓는 것이 유일한 대안이 될 경우, 건물 재활용은 소요비용대비 효과적인 대안이 된다. 대부분의 역사자산들은 전면적인 복원이나 개선을 요구하지 않기 때문이다. 지난 30년 동안 전개된 많은 보존사업들이 특히 상업용 건물 재활용의 형태로 많이 나타났는데, 기존의 외벽을 보존하고 "새로운 건물을 짓는" 형태에 그쳤다.

낮은 정도의 수준으로 진행되는 건물 재활용공사에 근거해서 일반적인 견적을 산출하기란 훨씬 더 어려운 반면 어느 정도의 기본적인 견적범위는 산출이 가능하다. 다음과 같은 조건을 포함하는 "최소한의 건물 재활용"의 경우를 살펴보자. 내부 해체와 내부공간을 분할하는 경우, 외부 벽체를 새로 마감하지만 유리창의 교체가 없는 경우, 기존의 엘리베이터 시스템을 재사용하는 경우, 기계와 배관시스템을 교체하지 않는 경우, 지붕덮개를 교체하지만 구조는 남겨놓는 경우, 새로운 전기 시스템을 설치하는 경우 등이 이에 해당한다. 이런 가정에 근거해서 건물 재활용은 신축공사대비 40~50퍼센트 정도의 공사비가 소요된다.

▶ Saratoga Springs, New York

지난 25년간 증가해 온 건물 재활용의 움직임을 고려해 볼 때, 건물 재활용 소요비용 대비에 관한 효과적인 기술은 대단히 극적인 진화를 이룩해 왔다. 창문들, 기계시스템들, 에너지 보존방법들이 (비용면에서) 건물 재활용에 있어 재정적인 경쟁력을 창출하는 데 훨씬 더 도움을 주었고 개발되었다.

> 가장 최근의 5년 동안 (회계연도기준 1999~2003), 역사건물 재입주 세제혜택을 받은 프로젝트들의 절반 이상은 10만 달러 이하로 지출한 평균 17퍼센트와 더불어 50만 달러 이하를 지출해 왔다.
>
> -Federal Tax Incentives for Rehabilitating Historic Buildings : Statistical Report and Analysis for Fiscal Year 2003

83. 역사건물 재활용이 가끔은 배관, 전기 및 기계시설의 교체를 필요로 하기는 하지만, 이런 지출은 투자할 만한 가치가 있다.

냉난방장치의 교체, 새로운 배관의 설치 및 배선, 다른 기계적인 시스템들의 수리 등은 흔히 주요한 건물 재활용 프로젝트와 관계되는 비용내역이다. 하지만 이런 시스템들의 수명은 언제나 건물의 수명보다 더 짧다. 물리적인 노후와 동시에 더 나은 기계장치들의 발전 덕분에 건물의 시스템들은 거의 25~30년 이상의 사용수명을 갖는다.

심지어 신축건물이 들어설 때도, 이런 시스템들은 20~30년 주기로 교체해 주어야 한다. 이와 마찬가지로 효과적인 면과 기술적으로 진보한 기계, 전기, 배관요소들이 역사건물들에도 설치될 수 있고, 그럼으로써 건물의 수명을 늘리고 (역사건물 자체가 벌어들일 수 있는) 수입의 발생을 증대시킬 수 있는 것이다.

> 대다수의 오래된 건물들이 보유한 시스템들은 구식인 경우가 많다. 일부 주요 프로젝트에서 이처럼 노후된 시스템들은 교체된다. (하지만) 이런 교체는 건실한 공사의 가치에 비교해 볼 때 최소한의 투자가 된다.
>
> -Architectural Record, "More than Preservation"

84. 보존은 신축공사에 비해 시간을 절약할 수 있는 대안이다.

"시간은 돈(time is money)"이라는 옛 말은 아마도 어느 다른 유형의 투자보다도 부동산에 관해서는 더 맞는 말 같다. 모든 유형의 공사는 시간을 소비하는 행위이고, 돈은 벌어들이기 이전에 일단 소비되어야 하는 것이다. 좀더 이야기를 확장해 보면, 시간이 절약되면 돈이 절약되는 것이다.

건물 재활용 프로젝트에서 시간이 절약된다는 것은 두 가지 근거에서 나온다. 첫째로 공사기간 자체가 단축되거나 가끔 아주 많이 단축될 때 이다. 부동산개발에 대해 연방정부에 의해 실시된 광범위한 분석에 따르면, (건물 재활용 프로젝트는) 일반적으로 공사기간을 18퍼센트 정도까지 단축시킨다.

두 번째 근거는 상당한 시간을 절약시켜 주는 규제적인 과정들이다. 개발업자들은 종종 역사지구에서 건물들에 필요한 추가적인 시간을 잡아먹는 점검에 대해서 불평을 한다. 하지만 건물 재활용 계획안을 승인 받는 것은 거의 매번 신축공사와 건물철거를 위한 승인보다도 시간허비가 적다. 사실상, 선량한 개발업자들은 보존위원회와 보존문제들에 관한 시작단계에서부터 위원회의 직원들과의 긴밀한 작업이 일상적으로 정해진 과정을 통해 아주 자연스럽게 (그리고 시간을 절약하면서) 진행된다는 것을 알게 되었다.

> 개발업자들과 여타 건물의 소유주들은 재활용을 통한 건물의 보존이 신축공사보다 근린주거단지 내 지역사회와 보존운동가들의 승인을 얻는 데 더 용이하다는 것을 깨달아가고 있다.
>
> -Architectural Record, "More than Preservation"

85. 건물 재활용은 철거비용이 포함된 신축공사와 비교할 때 더욱 경쟁력을 갖는다.

건물 재활용과 신축공사 사이의 가격비교가 빈번하게 이루어질 때, 다음과 같은 논쟁이 생긴다. "오래된 건물을 재활용하는 데 1평방피트당 120달러의 공사비가 든다. 우리는 더 저렴한 비용으로 새 건물을 지을 수 있다. (그렇게 때문에) 우리가 새 건물을 짓는 것이 논리에 맞다." 이런 비교분석에서는 기존의 건물을 해체하고 철거쓰레기를 치우는 데 소요되는 비용이 거의 고려되지 않는다.

특히 도심지나 다른 상업지역에서 철거비용과 폐자재를 처리하는 비용은 점점 더 건설비용의 상당부분을 차지하고 있다. 심지어 건물해체비용이 포함되었을 때에도 그 비용은 흔히 낮게 책정된다. 역사건물을 철거하는 것은 네 가지 이유에서 비싸다. ① 구조물 자체가 50년 100년 혹은 150년 후에도 지속 가능하다는 단순한 사실이 그 증거가 된다. (역사건물의) 공사에서 쓰인 재료들과 공정의 우수한 질은 최근에 지어진 구조물들과 달리 단순히 건물을 해체하는 것이 쉽지 않다는 것을 의미한다. ② 역사건물들은 흔히 더 촘촘하게 계획된 지역에 위치하고 있고, 종종 인접한 건물의 토지경계선에 인접하고 있다. 교외에 위치한 사무실 공원에 있는 건물을 해체하는 것은 다른 구조물들을 고려할 필요가 없으며, 역사건물의 경우에 이런 경우는 거의 드물다. 가깝게 인접하고 있는 건물들의 구조적인 안정성에 대한 고려의 필요성은 아주 심각할 정도로 건물 해체에 소요되는 비용을 증가시키고, 해체업자의 고용에 대한 부담을 가중시킨다. ③ 고밀도로 개발된 장소에서 해체폐기물을 치우는 것도 상당한 비용상의 부담을 가중시킨다. ④ 해체시 발생되는 폐기물의 처리는 이제는 어디서든 논의되는 환경적, 금전적인 비용의 급격한 상승을 가져왔다.

석면과 납이 섞인 페인트는 흔히 오래된 건물들의 재활용 공사과정에서 문제가 된다. 그러나 지난 10년 동안, 이 두 가지 문제점들을 원천 봉쇄하거나 완화하는 최신기술들이 꾸준히 등장하고 있다. 항상 이런 부지 혹은 건물내부에 관한 환경적인 문제들을 해결하는 것은 오히려 석면의 처리비용과 다른 잠재된 위험한 재료들에 대한 지출보다 소요비용 대비면서 상대적으로 훨씬 더 효과적이다.

건물 재활용 프로젝트들도 해체비용과 처리비용을 포함하고 있지만, 그것들은 건물 전체를 해체하는 비용에 비해 상당히 작은 액수이고, 거의 매번 건물 재활용에 소요되는 견적에 포함된다.

진정한 문제는 건축자원의 효과적인 재활용이다. 눈에 띄건 평범하건 간에 저(低)활용된 상당수의 건물들이 신축개발부지들보다 더 많은 잠재성을 지니고 있다는 견해가 증가하고 있다.

- Architectural Record, "More than Preservation"

주요 상업용도의 건물 재활용에서 1평방피트당 소요되는 비용을 신축공사와 비교했을 때 9퍼센트 이상 12퍼센트 이하정도로 저렴하며, 평균적으로 4퍼센트 이하로 저렴하다. 신축공사에서 철거과정이 포함될 때 재입주에서 발생하는 지출에 대한 절약분은 3~16퍼센트 사이로 증가한다.

- Forum Journal, "Economic Incentives for Historic Preservation in Oakland, California"

86. (역사) 건물을 미개발상태로 보유하면서 안정화하는 비용은 일반적으로 건물해체비용보다 저렴하다.

보존운동가들은 거의 매 상황에서 건물은 오늘날 완전히 복원되어야 하며, 그렇지 않을 경우 영원히 그 건물이 소멸될지 모른다는 가정하에서 보존운동을 하는 경우가 많다. (하지만 그들의 가정에 맞는) 그런 상황은 거의 발생하지 않는다. 건물들, 특히 유지될 수 있도록 지어진 역사건물들은 사실상 그다지 많은 위험요소를 가지고 있지 않다. 가장 흔한 위험요소는 물, 파괴행위, 극심한 온도의 변화이다. 만약 이 세 가지 문제점들이 억제된다면 건물 재활용 프로젝트를 완수하는 데 있어서 어떤 다른 물리적인 위급함은 없다.

따라서 시장이 조정될 때까지 전통적인 개발업자가 들어올 때까지 혹은 보존단체가 실행 가능한 재활용 운영계획안을 확정할 때까지 건물을 안정화하고 미개발상태로 보유하는 것은 신뢰할 만한 선택사항으로 고려되어야 한다. 설령 어떤 소요비용이 물, 파괴행위와 같은 위험으로부터 완화하는 곳에 사용된다고 하더라도, 그와 같은 비용은 건물의 해체나 폐기물 처리비용보다 더 높지는 않을 것이다. 건물을 해체하기 위한 기금을 확보하려고 준비 중인 시정부 (혹은 그러한 문제를 다루는 개발업자)는 이런 비용을 건물을 안정화시키는 데 사용해야 하는 재정적인 의무가 있는 것이다.

안정화(stabilizing) 및 미개발상태로 건물을 보존하는 전략과 관련해서, 다른 두 가지의 소요비용이 있는데, 건물 자체를 보유하는 데 소요되는 비용 (주로 토지세와 보험료)과 (특히 시의회의 구성원들이 보기에) 미관상 좋지 않는 요소들을 제거하는 데 소요되는 비용이다. 이런 비용들이 추가된다고 하더라도 건물의 해체는 여전히 더 많은 지출을 감수해야 하는 해결방안이다.

> 장소들은 방치되거나 혹은 역사적인 건조물을 없애버릴 경우에 더 많은 피해를 입는다. 도시 행정관들은 이런 장소의 유지비용이 장소가 (원래) 지니고 있는 가치보다 더 많이 소요되고 있다는 잘못된 생각을 하고 있으며, 특징 없는 새로운 건물들을 위한 부지를 확보하기 위해서 불도저를 동원해서 주택들과 역사건조물들을 없애버릴지도 모른다.
>
> - Marketing Places

87. 건물이 서 있을 경우에는 - 설령 비어 있거나 사용되지 않은 상태에서도 - 네 가지의 행위가 취해질 수 있다. ① 아무것도 하지 않는다. ② 건물을 안정화시키고 기다린다. ③ 건물을 재활용하여 사용한다. ④ 해체한다. 네 번째 대안은 언제나 실현가능 하지만, 해체가 실현될 경우 이전의 세 가지 대안은 모두 사라져 버린다.

보존운동가들은 종종 일부 혹은 모든 건물의 해체에 관해 반대한다는 이유로 법적 고소를 당하곤 한다. 사실상 있다 하더라도 극소수의 보존운동가들만이 이런 행동을 취한다. 하지만 (대다수의) 보존운동가들은 해체공사의 허가에 대해 그 대안으로 무엇이 지어질지에 관해 아는 것도 없이, 그리고 제안된 공사프로젝트가 사실상 해체공사가 승인된다면 진행되어 나갈 방향에 대한 어떤 확신도 없이 결정되어서는 안된다는 입장을 취하곤 한다.

비록 보존운동가들이 미학적인 이유로 이런 입장을 취할지도 모르지만, 세 가지의 근본적인 경제적 이유들도 이들의 입장을 뒷받침 해줄 수 있다. 첫째로 다른 어떤 특징보다도 장기적인 관점에서 성공적인 부동산개발은 가능한 한 오랜 기간 동안 유동적으로 유지되는 것이 필요하다. 건물이 서 있을 때는 위의 제목에서 언급 된 네 가지의 대안들이 가능하다. (최대한의 유동성을 주면서) 다른 세 가지의 대안들을 택한다고 해서, 해체라는 네 번째의 대안이 사라지지는 않는다. 하지만 해체라는 대안을 선택하는 순간 다른 세 가지의 유동적인 선택사안들은 일시에 사라져 버린다.

두 번째로 공지(空地 혹은 땅에 구멍이 나있는 더 악화된 곳)은 주변의 경제활동에 악영향을 준다. 인접한 건물의 가치는 이웃한 재활용된 건물에 의해 증진되는 것이지 인접한 빈 땅에 의해서 창출되는 효과가 아니기 때문이다. 빈 땅은 시에 돌아갈 최소한의 금액만을 세금으로 안겨준다. 공지는 거리에서 사람들의 움직임을 멈추게 하고, 사람들은 공지 근처를 걷는 것을 좋아하지 않는다. (만약 당신이 이런 사실들을 믿지 않는다면 점심시간에 도심지에 공지를 하나 찾아서 건너편 길에 서서 얼마나 많은 사람들이 빈 땅의 모서리를 돌아가는지 혹은 빈 땅을 피해가기 위해 길을 건너 지나가는 지를 관찰해보라.)

세 번째로 기존의 건물을 해체하는 것보다 유지하는 것은 앞으로 생겨날 잠재적인 구입자들에게도 더 많은 선택사항을 준다. 건물 해체 이후에 토지판매는 공지를 사려는 사람들로 국한된다. 건물을 유지하게 되면 현재 서있는 건물을 "그대로" 사용하고자 하는 혹은 개선하여 재활용하려고 하는 잠정적인 구입자 목록을 늘릴 수가 있다.

건물 해체 허가에 대한 고려는 구체적 사용, 건물디자인, 그리고 제안된 프로젝트를 위한 안정적인 재원이 확보될 때까지 연기되어야 한다. 그러면 (그리고 그럴 때에만) 지역사회(보존운동가들과 다른 사람들)가 진정 역사건물이 있는 땅을 처분함에 있어 얻는 것이 잃는 것보다 더 큰지 아닌지에 관한 정보를 얻을 수 있게 되는 것이다.

> 우리는 어떤 희생을 치르더라도 (건물해체를 위한) 불도저를 몰아내야 한다고 말했다. 불도저는 도시가 원하는 것들을 없애버린다. 그것들은 기억과 비례(scale)를 없애버린다. 우리는 초기 보존운동가들의 노력을 보면서 불도저가 적이었다는 사실과 (파괴 이후) 일반적으로 파괴된 것보다 더 좋은 질을 가진 건물이 들어 선 적이 없다는 점을 배웠다.
>
> -Charleston Mayor Joseph P. Riley, Jr.

> 역사보존은 과거로부터 좋은 디자인을 인식하고, 구축된 환경의 독특한 특성들을 유지하며, 새로운 건물들의 공사든지 혹은 이전 건물들의 수리든지 간에 건전한 새로운 디자인을 조성한다. 이들은 예전에 있던 것들과 잘 조화된다.
>
> -Main Street News, "Enhancing Downtown's Sense of Place"

88. 소모적이고 순식간의 방법을 찾는 개발업자에게 역사건물들은 해답이 아니다. 하지만 장기적인 투자를 원하는 사람들에게 보존은 이윤을 창출할 수 있는 기회를 제공한다.

미국 경제의 문제점들을 논의할 때, 민주당과 공화당, 자유주의자와 보수주의자, 자본론자들과 케네스 경제론자들 모두가 만장일치로 동의할 만한 사항은 거의 없어 보인다. 그런데 한 가지 예외가 있는 데, 그것은 투자결정에 관한 시간대가 너무 짧다는 것이다.

단기간의 생각은 다음 분기의 이익배당금에 관한 최고경영자들의 우려 때문에, 다음 선거결과에 관해 예측할 수 없는 현직 관료들에 의해, 혹은 자산에 대한 즉각적인 경제적인 결과를 바라는 개발업자들에 의해 발생한다. 거의 모든 분야에서 이런 단기간의 전망은 사업적인 투자, 연방의 세입적자, 재정관련 업계의 위기, 국제적인 경쟁에 있어 심각한 부작용을 낳는다는 인식이 일고 있다.

단지 단기간 성과에 대해 집착하는 사람들에게 역사보존은 아마 좋은 투자 수단이 아니다. 궁극적으로 장기적인 사고의 중요성을 배운 공적영역과 사적영역 모두에 소속된 사람들에게 역사보존은 우수한 투자대안을 제공해 준다.

역사건물에서 내가 경험한 것은 세제혜택이 있었던 시기 이전으로 거슬러 올라간다. 내 동생인 샘과 나는 30여 년 전에 파손되는 것으로부터 막기 위해 이런 건조물들을 사들였다. 세금혜택이 있든지 없든지 간에, 우리는 그 건물들을 통해 돈을 벌어들였다. 첫 수확을 얻기 까지 6년이나 7년 정도가 걸리는 사과 과수원처럼 역사건물들은 인내를 요구한다. 이런 인내는 나이토 부동산(H. Naito Properties)에 충분한 경제적 대가를 지불해 주었다.

▶ Winnipeg, Canada

-Portland developer Bill Naito

다른 상업용도의 건물들이 철거되고 있는 상황을 돌아보면, 역사건물 재활용의 건전하고 적절한 위상이 입증되고 있다. 상가, 아파트, 사무실 용도의 흥미로운 도시적 공간에 대한 강한 수요가 있다.

-National Real Estate Investor, "Rehabs : A Solid Niche in a Shaky Market"

89. 다목적 용도(mix of uses)의 건물은 요동치는 경제상황에 대해 단일용도의 건물이 유발하는 위험요소를 완화시켜 준다. 대부분의 역사 상업건조물들은 다목적 용도로 사용할 수 있다.

부동산은 중장기투자를 위해 주로 신중하게 보유되는 자산이다. 하지만 이것은 어떤 지역경제의 상승 및 하락과 국가경제의 다양한 영역간에 요구되는 규칙적인 변화들에 불규칙적으로 반응하는 주제이기도 하다. 이것은 더 이상 요구되지 않는 생산물을 만들어내는 공장, 오늘날 가족들과는 다른 성격과 규모의 가족을 위한 주택, (오늘날처럼) 소매형태가 바뀌기 이전에 지어진 백화점 등의 사례를 통해 설명될 수 있다. 건물 사용에 있어 발생하는 변동요인들 때문에 많은 역사건물들은 기능적으로 쓸모없게 되었다는 꼬리표를 달아야 했다.

기쁜 소식은 창의적인 건축가들, 상상력이 풍부한 개발업자들, 혁신적인 보존운동가들이 어떻게 하면 역사건물들이 대안이 될 만한 다른 용도들로 사용될 수 있는가를 배워왔다는 것이다. 창고건물이 가게로, 공장이 주택으로, 백화점이 지역사회센터로 변화한 사례들은 전국에 존재한다.

더욱이 대다수의 성공적인 대규모 건물 재활용 프로젝트들이 가지고 있는 공통적인 특징은 한 가지 이상의 용도가 기존의 용도에 추가된다는 점이다. 사무실들은 소매상점으로, 여가의 기능을 겸비한 주거로, 음식과 음료를 파는 오락실로, 혹은 도매를 겸한 복합기능 등과 결합된다. 어떤 경우에는 건물 하나가 3~4개의 기능을 겸하기도 한다.

이런 용도변경을 통한 접근(adaptive use)의 사례를 통해, 우리는 보존과 관련된 두 가지의 교훈을 얻을 수 있다. ① 복합적인 용도는 건물소유주가 단일용도에서 비롯될지도 모르는 예측불허의 변화로부터 보호해 주는 수단이 된다. ② 역사건물들은 대부분의 신축건물과 비교해 볼 때, 이런 복합용도 전략에 더욱 잘 적용된다는 사실이다.

오래된 도시인 뉴욕(New York)은 기존에 조성된 주택단지와 사업지구들의 인구수와 경제적인 변화에 적응해야 한다. 이전에 지어진 공장건물들은 스튜디오, 사무실, 주택으로 개조되었다. 주거단지에서 오래된 주택은 현재의 수요와 기준들에 부합하기 위해 재단장되거나 교체되었다. 주거단지를 건축적으로 특색 있고 아름답게 해왔던 수많은 오래된 건물들이 경제적인 자산으로 재활용되고 변형되었다.

- Shaping the City's Future

90. 역사건물 재활용은 에너지효율(energy efficient)에 있어 효과적이고, (건물의) 수명연장에 있어 비용대비 효과적(cost effective)이다.

부동산은 오랜 물리적·경제적 생명력을 가지고 있는 전형적인 자산이다. 부동산에 대한 경제적인 보상을 측정하는 거의 모든 기준들이 단기적인 기준이라는 점은 분명 불행한 일이다. (사실상) 거의 실천하지는 않지만, 개인영역의 소유자들은 수명연장에 소요되는 비용을 측정해야 한다. 공공분야의 소유자들은 장기적인 투자선상에서 부동산에 대해 걱정해야 한다. 다시 한번 예로 들면, 미국 국방부는 이런 공공과 개인투자영역이 가지는 근시안적인 것과 비교해 볼 때 놀라울 정도로 예외의 경우이다.

> 전통적으로 에너지효율에 신경 써서 디자인되지 않는 경우라도 역사건물에서 창문과 문 같은 요소들은 현재 통용되는 에너지 사용기준에 부합하도록 개량될 수 있다. 이것은 중요한 역사적인 구조를 보존하는 동안 부품들을 교환하는 것보다는 덜 즉각적이며 장기적인 지출에 의해 성취될 수 있다. 사실 연구를 통해 오래된 목조 또는 금속조를 비닐이나 두 겹의 유리를 끼운 새시 같은 부속품들과 더불어 통유리로 교체하는 것이 수명연장비용의 원칙에 적합하지 않을 수 있다는 점이 밝혀졌다. 국방부와 다른 연방부서들은 이런 요소들의 보존을 통해 정부가 더 적은 비용으로도 요구사항을 충족할 수 있다는 것을 알게 되었다.
>
> -The Benefits of Cultural Resource Conservation

다시 말해, 이들은 단순히 보존하는 것뿐만 아니라, 적절한 방법을 통해 보존하는 것을 배웠다.

> 많은 역사주택들은 에너지효율을 염두에 두고 지어졌다. 수많은 오래된 주택들의 정확한 계획, 배치, 대지의 향은 자연통풍과 실내기후를 조절하는 데 금전적인 이득을 준다.
>
> -Buyer's Guide to Older and Historic Houses

91. 심지어 역사건물에서 실시되는 적절한 개선들도 긍정적인 경제효과를 낳는다.

보존론자인 우리들은 종종 주정부 의회건물의 복원, 카네기(Carnegie) 도서관의 전면 개선, 철도 역사(驛舍)의 예술이나 문화관련센터로의 변경 등과 같은 대규모

보존프로젝트에 의해 지나치게 고무되곤 한다. (물론) 이런 것들은 멋진 보존업적들이며, 그것들에 대해 자랑스러워할 만한 충분한 가치가 있다. 그러나 우리는 종종 대규모 프로젝트에 대한 흥분으로 인해 역사건물들에 대한 소규모의 개선들로도 창출될 수 있는 경제적인 중요성에 대해 망각하곤 한다.

> 개선된 건물들을 보는 것은 시민들과 사업체 소유자들에게 마치 흥미롭고 긍정적인 어떤 것이 상업지구에 발생하고 있다는 확신을 준다.
>
> -Main Street News, "How to Stimulate Interest in Building Improvements"

> 데이터를 통해 본 결과도 상인들이 운영하는 건물 입면(façade)의 개선이 경제적인 수입구조에 긍정적인 변화를 줄 것이라는 점에 전폭적인 믿음을 가지는 것으로 드러났다.
>
> -Economic Effects of Storefront Improvement

상점 전면부 개선프로젝트에 대한 초창기 연구결과는 우리가 역사보존에 대해 이미 배워온 사실에 대한 확신을 준다.

• 평균 지출경비	41,189달러
• 지방 계약자들에 대한 지출경비	88%
• 지방 물품업자에 대한 지출경비	96%
• (공사 후) 소비자들의 호의적인 대답	96%
• 개선 후 매우 만족한다는 응답	92%

-New Mexico Economic Development Department
Survey of the Economic Impact of Interior and Exterior Improvements

역사적인 상업용도 건물들에서 실시된 비교적 적절한 투자의 파급효과에 관한 후속 분석을 통해 다음과 같은 결과들이 도출되었다.

▶ Deadwood, South Dakota

- 물리적인 개선사항에 관한 질을 평가한 후에, 사업체들은 일관되게 "평균이상"의 판매실적을 경험했다.
- 개선된 이듬해에 모든 사업체들은 총 판매량의 연간 퍼센트 증가율(annual

percentage increase)에서 증가를 경험했다.

- 개선된 이후 기간 동안에 평균연도 퍼센트에서 증가를 유지했던 대다수가 총판매량에서 증가를 보였다.
- 개선된 이후 대다수가 개선 이전에 발생한 자체적인 사업 평균을 웃도는 판매증가를 경험했다.
- 모든 사업체들이 눈에 보이지 않는 이익들과 개선 이후에 호의적인 고객들의 반응을 경험했다.
- 사업체운영자의 80퍼센트가 물리적인 개선이 판매실적에 상당부분 영향을 미쳤다고 진술했다.
- 마지막으로 모든 사업체운영자들이 개선에 대해 개인적으로 만족했으며, 개선에 대해 투자할만 하다고 생각했다.

- Dollars and Sense of Historic Preservation, An Analysis of the Economic impact of Physical Improvements on Retail Sales

92. 역사디자인 규정들(Historic design standards)은 더 높은 질을 가진 혁신(renovation)을 가져온다.

역사건물 재활용 프로젝트가 역사건물 재활용에 관한 세제혜택을 받기 위해서는 일정한 디자인원칙들을 준수해야 한다. 심지어 세제혜택을 받지 않는 건물 재활용 프로젝트라고 할지라도 지역의 디자인 규정들은 상당히 중요하다. 우리는 보존론자로서 "그들이 준수해야 하는 방식대로 건물을 재활용하지 않았던" 소유주들에게 가끔 비판적이다. 무엇이 이루어져야 하고 왜 이루어 져야 하는가에 대해 (소유주와) 의사소통하는 것은 보존론자인 우리의 책무이다.

역사보존과 디자인원칙들에 익숙하지 않는 많은 사람들에게 (우리 대부분이 이에 속하겠지만) 디자인규정들은 임의적이고, 변덕스러우며, 가끔은 아주 어리석게 보이기도 한다. 허가과정에서도 종종 상당수의 불만족스러워 하는 토지소유자들이 생겨난다. 하지만 올바른 절차를 가지고 작업이 끝난 후에 불행하기 느끼는 사람은 거의 없다. 기쁜 소식은 아무리 평범한 프로젝트라고 하더라도 디자인지침들로 인해 질적인 개선을 가져온다는 것이다.

더 높은 질적 개선들은 ① 역사지구 ② 개선된 가로등, 경관 등과 관련된 일반적인 도심지 프로젝트들이 있던 곳 ③ 종합계획(master plan)과 같은 정구적인 혁신프로그램이 있는 곳에 위치한 사업체들에서 빈번히 발생했다.

- Economic Effects of Storefront Improvement

우리 시대의 건물들이 역사건물들로 대치될 때, 결과들은 흥미롭고, 건물들이 위치한 지역뿐만 아니라 건물들 상호간에 활력을 줄 수 있다. 아이엠 페이(I.M. Pei)[34]가 맥킴 메드 앤 화이트(MaKim Mead and White)[35]가 설계했던 백 베이(Back Bay)에 위치한 보스턴(Boston) 공립도서관을 추가로 디자인한 것은 이런 건축적, 역사적 역동성의 힘을 보여주는 훌륭한 사례라고 할 수 있다.

- A Richer Heritage, "Private Sector Involvement in Historic Preservation"

93. 건물들은 판매되는 상품들과 서비스의 물리적인 반영을 통해 재인식된다. 투영되는 이미지가 상품의 품질, 서비스 질, 친밀성, 신용, 안정성, 개인적인 관심 중 하나일 경우 역사건조물들은 이런 이미지에 잘 부합한다.

건물들은 잠정적인 (상업적인) 고객들에게 메시지를 주거나, 적어도 그래야만 한다. 건물 그 자체는 여러 종류의 상품과 관련된 구매환경을 제공하고 심지어 고객이 그 안에서 기대하는 가격도 제공한다. 사업체들은 건물에 의해 전달되는 메시지가 그 사업이 대상으로 하는 고객의 관심과 다르게 전달될 때 곤경에 처한다.

월마트(Wal-Mart), 케이마트(K-Mart) 및 다른 대규모의 할인매장들은 이런 원칙을 잘 이해하고 있다. 이런 종류의 건물들이 창문과 건축적인 장식이 거의 없는 페인트로 도색된 콘크리트 블록으로 조성된 것은 우연이 아니며, 이것은 이 회사들이 다른 어떤 것에 투자할 돈이 없어서가 아니다. 건물의 1평방피트당 추가로 소요되는 5달러 혹은 10달러를 통해서 (전술한 상가건물들은) 세상 속에 존재하는 다른 건물들과의 차이점을 만들 수도 있을 것이다. 할인매장 같은 건물들은 고객들에게 "당신은 여기에서 저렴한 물건을 구입할 수 있을 것입니다. 우리는 이 건물 자체에 돈을 쓰지 않았기 때문에 이처럼 저렴한 가격을 유지할 수 있습니다."라는 단 하나의 메시지만을 전달하기 위해 조성되고 설계된다. 합법적인 평가는 대규모 시장의 할인매장들에서 그 수준이 조정될 수 있지만, 고객들에게 메시지를 효과적으로 전달하는 종류의 건물을 알지 못하는 이런 매장들은 한두 곳이 아니다.

---

34. I.M. 페이(I.M. Pei)는 중국계 미국인 건축가로 모던건축의 최후의 거장으로 알려져 있다. 그는 돌, 콘크리트, 유리, 철을 사용하여 추상적인 형태로 건축작업을 한다. 그는 파리에 소재한 루브르 박물관에 있는 유리로 디자인한 피라미드로 잘 알려져 있으며, 20세기의 가장 성공적인 건축가들 중 한명으로 꼽힌다. (역자 주)
35. 맥킴 메드 화이트(MaKim Mead and White)는 20세기 초에 미국 동부에 설립된 유명한 건축사무소이다. 이 회사는 찰스 맥킴, 윌리엄 메드, 스탠포드 화이트 등 세 사람에 의해 설립되었다. (역자 주)

하지만 모든 사업체가 저렴한 판매가격으로 경쟁하는 것은 아니다. 다른 전략들도 가능한데, 판매 전과 후에 제공되는 서비스의 질, 상품의 질과 신뢰성, 회사의 안정성, 고객들에 대한 개별적인 관심 등이다. 역사건물들은 이런 점에 초점을 맞춘 전략을 활용하여 고객을 선택하는 사업체들에게 이상적인 환경을 제공한다.

> (아일랜드의) 더블린(Dublin)에 위치한 산업단지의 기네스 보관창고는 기네스 맥주 제조공장 내에 있던 오래 전부터 방치된 먼지투성이의 발효시설이 있던 자리에 위치해 있다. 건물의 디자인은 초콜릿 외피와 크림이 채워진 사탕 같은 모양이다. 외관은 전통을 지녔고, 내부는 미래지향적이다.
>
> - Fast Company, "Brand Marketing : Guinness"

> 17,000평방피트 규모의 재활용 프로젝트인 1920년대 신고전주의 양식의 우체국은 이처럼 지역사회와 완벽하게 조화를 이룬다. 이전에 개발된 전형적인 형식의 도구를 활용한 재료들과 세부장식용 물감들은 수십 개의 애플(Apple)[36] 판매점들에서 연속성과 인식 가능한 이미지를 만들어낸다. 재료들은 모두 간결하고 친숙하지만, 매우 섬세한 정확성으로 실행되었다. (프로젝트가) 성공적으로 평가되면서 애플판매점은 고객들을 놀라게 하고, 즐겁게 하였으며, 애플(Apple)이라는 브랜드 이미지를 강화시켰다. 그리고 회사의 중점사항인 혁신을 재확인했다.
>
> - Architectural Record, "Spare Beauty Marks this Adaptation of a Historic Building"

---

36. 애플(Apple. Inc.)은 1976년 캘리포니아의 쿠페르티노에서 애플컴퓨터라는 회사명으로 설립되었고, 이후 미국의 대표적인 다국적기업 중 하나이다. 초창기 매킨토시(Macintosh)라는 애플 컴퓨터로 사업을 시작했으나, 현재는 감각적인 디자인을 바탕으로 개발된 휴대용 미디어 장치인 아이팟(IPOD)과 아이폰(IPHONE)으로 세계적인 돌풍을 일으키고 있다. (역자 주)

제 10 장

역사보존과 21세기의 경제학

Historic Preservation and the Economics of the 21st Century

94. 세계적인 도시를 꿈꾸는 도시는 전략의 일부분으로 역사보존이 필요하다.

세계경제가 진화하고 있다는 관점에는 이상한 역설이 존재한다. 국가경제에 대한 전반적인 개념은 진부한 것으로 여겨지는 추세이다. 우리는 지구촌 경제, 지구촌 시장에서 있는 것이며, 앞으로는 이런 현상이 가속화될 것이다. 단순히 국지적인 이득, 지역적인 이데올로기 혹은 보호차원의 고립정책을 선택한 국가들은 뒤쳐지게 되고 경제적인 낙후를 가져올 것이다. 그리고 그런 국가의 시민들은 패배자들이 되고 말 것이다.

동시에 지역사회의 중요성이 급격하게 증가하고 있다. 소니(Sony)[37]의 창시자인 아키오마리토(Akio Marito)는 이런 현상을 "지구촌의 지역화"라고 말했다.

> 기술을 창조하는 과정 및 개선과 혁신의 역할에 관한 중요한 파급효과들은 매우 지역적이다. 역설적으로 말하면 열린 지구촌 경쟁은 지역을 기반으로 하는(home-based) 현상을 줄이는 것이 아니라, (오히려) 더 중요하게 만든다.
>
> -The Competitive Advantage of Nations

만약에 지역을 기반으로 하는 것이 더 중요하다면, 우리는 이와 관련해서 어떤 것에 관심을 가져야 하는가? 사업운영의 전문가인 피터 드럭커(Peter Drucker)는 다음과 같은 해답을 주고 있다.

> 미래의 교육 받은 사람은 전망, 지식적 시선, 정보에 있어서 '지구촌 시민'이 되어야만 한다. 하지만 지역적인 기반으로부터 지적 자양분을 얻고, 또한 그 대가로 그가 속한 지역문화에 양분을 주어 윤택하게 해야 한다.
>
> -Post Capitalist Society

우리가 지적인 자양분을 공급 받고 그 보답으로 육성해야 할 이런 지역적 원천은 무엇일까? 역사적으로 구축된 우리의 환경들은 이런 원천들 중 하나이다.

> 홍콩은 현재 가지고 있는 것보다 더 나은 보존정책 없이는 "세계적 도시"라고 주장할 수 없다.
>
> -Review of Built Heritage Conservation Policy

오리건(Oregon)주의 포틀랜드(Portland)는 점차 세계적인 대도시화가 이루어지고 있는 곳이다. 수십 개에 달하는 포틀랜드에 있는 역사적인 보물들을 보존했으며, 지금은 고인이 된 개발업자 빌 나이토는 그가 속한 지역사회가 지역의 대도시에서 세계적인 대도시로 진화했던 과정에서 역사 환경의 가치를 이해하고 있었다.

> 이것은(역사보존은) 포틀랜드가 수많은 관광객들에게 제공하는 얼굴이며, 우리가 전 세계에 알려지게 된 방법이다.
>
> -Portland developer Bill Naito

---

37. 소니(Sony Corporation)는 일본 도쿄에 본사를 두고 있는 다목적 거대기업이며, 세계에서 가장 큰 미디어 사업체 중의 하나이다. 한국을 포함한 전세계적으로 워크맨(walkman)이라는 미디어 플레이어로 잘 알려져 있다. 특히 "Ubiquitous(어디서나 존재하는)"를 기치로 하는 컨셉를 바탕으로 디자인된 가전제품으로 유명하다. (역자 주)

95. 점차 부각되고 있는 도시국가(city-state)는 건강한 도심과 역사건물들이 필요하다.

▶ Spokane, Washington

도심지가 세계적인 도시가 되기 위해서는 무엇이 필요한가? 그것은 바로 경제적인 혜택을 창출해 내는 개별화(individuality)와 차별성(differentiation)이다. 다양한 용도, 다양한 계층의 주민들 및 다양한 물가, 서비스, 임대료가 있어야 하며, 이런 다양성도 허용되어야 한다.

도심지는 수요와 사람들 사이의 상호관계를 위한 물리적인 장치를 제공할 필요가 있다. 창조성을 위한 여분의 도심이 필요하게 될 것이다. (이것은) 단순히 물리적인 여유공간이 아니라 - 물론 그것도 중요하겠지만 - 경제적, 사회적, 정치적인 여유공간이라는 의미도 포함한다.

시의 지도자들은 도심지와 관련된 실험을 장려해야 하고, 이런 실험들의 주기적인 실패에 대해서도 받아들여야 한다. 도심지는 향후 10년을 위한 성장력 있는 기업들을 육성할 수 있는 계획된 배양공간이 되어야 한다.

> 그러나 "세계적"인 전략은 차별화된 지역의 재개발정책과 동반되거나 가능하다면 연결되어야 한다.
>
> - Cities in a Global Society

세계화된 도시에 질 높은 주택들과 도심지 내 문화활동들이 없다는 것은 상상할 수도 없다.

> 상하이(Shanghai)에서 많은 사람들은 (값싼 유산들을 파괴한) 최근에 건설된 수많은 고층빌딩들의 홍수에도 불구하고, 거주하고 일하는 것을 즐긴다. 이 도시는 대단히 역사적이고 건축적인 가치를 지닌 많은 건물들을 여전히 자랑하고 있다.
>
> - The Restoration Economy

결국 이런 것 중 어느 것도 공공영역에서의 혁신없이는 달성될 수 없다.

상상력을 수용하지 못하는 도시는 죽은 환경과 같다.

- Placeways

96. 역사보존은 21세기의 경제를 위한 균형을 제공한다.

만약, 보존운동가에 대해 사람들이 가지고 있는 유별난 오해를 하나 꼽는다면, 그것은 바로 그들이 변화를 반대한다는 사람들이라는 잘못된 믿음이다. 이는 진정 진실과 거리가 멀다. 보존운동가들은 역사가 시간에서의 고정된 점이 아니라, 진화하고 있다는 것을 누구보다도 가장 잘 이해하는 사람들이다. 역사건물들의 힘은 경제적인 전망을 바꾸는 시장의 요구와 과학기술에 의해 나타나는 다양하고 새로운 용도들에 잘 부합된다는 데 있다.

보존운동가들은 사실상 변화를 환영한다. 우리는 단지 우리가 속한 지역사회가 어제의 물리적인 역사를 통해 확고하게 다져진 배경을 바탕으로 내일의 변화들에 부합될 준비가 적절하게 되어 있는지를 확인하고 싶은 것이다.

새로운 기술들을 강조하고 새롭게 진화하는 사업들과 산업의 요구에 부응하는 새로운 개발은 지속적으로 도시의 경제적인 안정성과 성장의 기회를 위해 중요한 요소가 될 것이다. 하지만 역사적인 지역사회, 삶의 질에 대한 더 많은 강조, 지역경제에서 균형 잡힌 참여를 유지하기 위한 더 큰 기회를 주는 것은 다름 아닌 건물 재활용(rehabilitation)과 보존(preservation)이다.

- Nation's Cities Weekly, "Preservation and Rehabilitation-An Economic Tool for Cities"

특히 창조적인 콘텐츠와 인터넷회사들 중에는 자사건물들을 확보할 때는 가치를 선호하며, 흔히 역사적 성격이 있는 건물이 있는 상업지역의 중심부 주변에 있거나 혹은 제조업에 사용되었던 건물을 용도 변경하여 사용한다. 이런 구조물들은 전형적으로 6층이나 또는 그 이하로, 거리에서 벗어난 위치에 목조패널로 벽면을 덮고, 거대한 로비가 있으며, 사무용 타워의 건축문화와 결합한 고층건물과는 차별된 특징을 가지고 있다. 새로운 사업체들은 이 장소에서 도시의 "견실한" 분위기, 더 산업적이거나 혹은 재활용적 성격, 벽돌로 조성된 벽들, 노출된 보, 거리와 거리의 삶에 대한 접근성에 가치를 둔다.

- Ten Steps to a High Tech Future

97. 역사적인 건물의 공간은 경제성장 분야에 있는 많은 산업체들에게 적합하다.

새로운 사고들은 오래된 건물들을 사용해야 한다.

-Death and Life of the Great American Cities

어떤 사업들이 다음 시대에 가장 빠른 성장률을 기록하게 될까? 주거문제, 컴퓨터와 데이터의 처리, 사업서비스, 관리, 공공정책, 육아서비스, 개인화된 사회서비스, 여행관련 업체, 장비대여, 회계감사 및 회계관련 업종 등이 이런 산업들에 포함된다.

이런 회사들이 가지는 공통점은 무엇일까? ① 소규모 사업체들이다. 이런 산업 분야에 70만 개 정도의 업종들이 있다. ② "노동집약적"인 산업이 아니라, 지식집약적인 산업이다. ③ (입지적인 측면에서) 도심의 중심지역에 의존하지 않는다. ④ 거의 어디에서든지 그들의 역할을 수행해 나갈 수가 있다. ⑤ 대개 상당히 유동적이다. ⑥ 공장이나 장비를 위해 특별히 거대자본이 들지 않는다. ⑦ 수송, 값싼 관련시설, 낮은 세금, 싼 노동력, 싼 지가, 원자재에 대한 접근성과 같은 것들이 상대적으로 중요한 고려사항이 되지 않는다. ⑧ 대다수가 상대적으로 낮은 창업비용을 갖는다. ⑨ 이들 모두가 제공하는 서비스의 질(質)에 의존하는 사업형태이지, 저렴한 가격에 의존하는 업종이 아니다. ⑩ 대부분 효과적으로 도심지에서 업무수행이 가능하다.

50년 이상 된 사무실 건물들의 특징

• 사무실 1개당 평균 소요평방피트(ft^2)	7,498(ft^2)
• 사무실 1인 노동자당 평균 소요평방피트(ft^2)	361(ft^2)
• 1평방피트당 1년 임대료	20.61달러

0~9년 된 사무실 건물들의 특징

• 사무실 1개당 평균 소요평방피트	14,875(ft^2)
• 사무실 1인 노동자당 평균소요평방피트	317(ft^2)
• 1평방피트당 1년 임대료	21.16달러

-BOMA Experience Exchange Report

이처럼 급격하게 성장하는 사업체들을 위해 얼마나 많은 공간이 필요할까? 대략

5,000평방피트(ft^2) 혹은 그 이하이다. 중요한 재정적인 목표는 무엇일까? 확정된 운영소요기금을 최소화하는 것이다. 이런 업종들은 어디에 위치하게 되는가? 도시의 상업지구 혹은 근린주거단지 내 상업지구의 역사건물들에서 이들이 요구하는 상품들과 서비스들에 접근이 가깝고 용이하다.

> 현재 많은 신규 일자리들을 대변해 주는 소규모의 업체들은 전담변호사, 회계사, 출력부서, 보안요원, 쓰레기전담반, 경비원 등을 고용할 경제적인 여력이 없다. 이런 업체는 이런 종류의 서비스가 필요할 때 변호사나 프린트업체의 서비스를 쉽고 빠르게 받을 수 있는 대도시지역에 자리 잡는 경향이 있다.
>
> -Main Street News, "By the Numbers"

98. 지속적인 양질의 도시디자인을 확보하기 위해 보존운동가들이 성장산업 분야와 관련될 필요가 있다.

21세기에 팽창하는 모든 산업이 역사보존이나 보기 좋은 도시디자인의 중요성에 동조할 필요는 없다. 만약 보존과 좋은 디자인이 지속 가능한 경제성장을 위해 중요하다면, 그리고 만약 성장분야 사업체들이 지역경제에 중요하다면 보존운동가들은 이 두 가지들 사이에 연결다리를 놓으려고 노력해야 한다.

> (시애틀에서) 오래된 건물들이 첨단산업회사들을 수용하기 위해 재입주되고 있다. 폐기되었던 병원이 현재는 아마존 닷컴(Amazon.com)[38]이 되었다. 한때 미시시피지역 서부에서 가장 높은 건물이었고, 공공기관들이 몇 년 동안 입주해서 사용했던 적이 있던 역사건물인 스미스 타워(Smith Tower)는 현재 "인터넷회사(dom.com company)의 본사이다. 거의 망가진 부두지구의 부두는 얼마 있지 않아 또다른 인터넷을 기반으로 하는 회사가 사용할 예정이다. 상업지구의 북쪽 끝에 있는 초라한 주거와 상업지구는 빠른 속도로 올라가고 있는 새 오피스 및 콘도미니엄과 함께 도심에서 가장 매력적인 시장이 되고 있다. 리얼 네트워크(Real Networks)[39]는 이 지역 내에 있던 오래된 무역센터건물을 세련되게 재개발된 창고지역으로 이전했다.
>
> -Ten Steps to a High Tech Future

38. 아마존 닷컴(Amazon.com, Inc.)은 시애틀에 본사를 두고 있는 미국의 전자상거래 회사이다. 아마존 닷컴은 인터넷으로 물건을 판매했던 최초의 주요 회사들 중 하나였으며, 1990년대 말에 닷컴 버블(인터넷회사들의 급격한 증가)을 주도했던 아이콘으로 통했다. (역자 주)
39. 리얼 네트워크(Real Network)는 인터넷 미디어를 기반으로 하는 소프트웨어를 개발하는 회사로, 미국 시애틀(Seattle)에 본사가 있다. 이 회사는 리얼 오디오(Real Audio)와 리얼 비디오(Real Video) 등의 컴퓨터 소프트웨어를 통해 국내에도 잘 알려져 있다. (역자 주)

99. 역사보존과 여타 인간 삶의 질적인 요소들은 창의적인 직원들이 일하고 있는 혁신적인 회사들에게 특히 중요하다.

다른 종류의 사업들도 사실상 삶의 질적 요소들과 역사보존이 주는 혜택의 중요성을 인식하고 있다. 그들은 의식 있는 지출절약전략으로 오래된 건물들의 재활용하여 사용하고 있다.

> 20년 전에 이 지역은 산업혁명 기간 동안 조성되었던 오래되고 낙후된 공장들이 있었다 ⋯ 그러나 공장들은 이 지역의 진정한 자산이었고, 임대료가 천정부지로 치솟았을 때는 한동안 저렴한 임대료를 가능하게 해주기도 했다. 그래서 비용절감이 필요했던 신규 창업회사나 최신 혁신회사들은 이 오래된 공장 몇 개를 임대해서 수리했고, 이 지역의 핵심지구가 되었다.
>
> -Job Creation in America

지역사회의 특별한 정체성과 유산을 유지하는 것은 역사보존운동의 핵심사안이다. 지속 가능한 경제개발은 역사보존과 일치할 뿐만 아니라 역사보존 없이는 불가능할지도 모른다.

> 사업체의 이전문제에 힘을 실어야 할 때 회사들은 소요되는 비용의 문제보다는 삶의 질적인 고려사항에 점점 더 많은 가치를 두고 있다. 그러므로 서비스의 질은 경쟁력을 유지하는 다양한 위락시설들 – 박물관, 극장, 운동경기, 오락, 휴양 – 뿐 아니라, 이런 주변 시설물들에 대한 지속적인 투자를 요구한다.
>
> -Marketing Places

> 예술, 문화, 역사보존은 도시에서 삶의 질을 높이는 중요한 요소들이며, 더욱 첨단화된 사업체들이 경제적인 궤도에 진입하는 과정에 영향을 주는 도구와 같은 매우 가시적인 형태로 삶의 질을 제공해 왔다.
>
> -Interwoven Destinies : Cities and the Nation

경제학에서 역사보존은 금전적인 혜택을 생산해내는 차별화된 상품이다. 만약, 우리가 궁극적으로 소속된 지역사회에게 투자를 유치하고 자본을 끌어들이기를 원한다면, 우리의 지역사회를 다른 곳들과 차별화시켜야 한다. 그 핵심에는 바로 그 어떤 것보다도 우리가 지닌 다양성, 정체성, 개별성, 차별성을 특히 잘 표현할 수 있는 구축된 환경과 역사건물들이 있는 것이다.

장소들(places)은 휴렛팩커드(Hewlett-Packard), 라이코스(Lycos) 혹은 어느 회사든지 간에 재능 있고 창의적인 사람들을 찾고 있는 회사들을 위해 두텁고 활동적인 노동력을 제공한다. 이런 회사들은 사람들이 모이고, 그들이 기꺼이 이주할 수 있는 장소에 (회사를) 설립하기를 원한다. 우리의 핵심단체에 소속된 사람들과 전세계에 걸친 인터뷰를 통해, 장소들은 이들이 갈 수 있으며, 공동체의식을 발견할 수 있고, 오늘날처럼 이동이 많고 과도한 업무와 스트레스가 만연한 세상에서 살아남을 수 있을 만한 장소를 제공했다는 사실을 알 수 있었다. 회사들은 장소에 정착하고 일자리를 창출한다. 지역사회는 이런 장소들의 배경이 된다. (인터뷰를 통해) 사람들은 장소가 창의성을 자극할 수 있기 때문에 중요하다고 말했다. 지역사회에는 노상에 펼쳐진 카페들과 같은 거리 위의 활기찬 삶이 있다. 지역사회에는 음악과 예술의 풍경이 있다. 사람들은 우리에게 소수민족, 인종, 세대, 개성적인 생활양식, 외관, 성적 다양성으로 가득 차 있었던 장소들로 가기를 원한다고 말했다.

-Forum Journal, "How Creativity and Sense of Place Fuel the New Economy

100. 역사보존은 경제적인 감각(economic sense)을 만든다.

역사건물에 대해 단지 아름다운 외관만을 강조하며 역사보존을 가르치는 어떤 사람이 있다면 그것에 대해 다시금 생각해 보아야 할 것이다. 역사보존은 우리의 유산 중에서 기념비적인 것들을 지키는 일이자 더 살기 좋은 지역사회를 만들고 주거단지를 재활용 및 활성화시키는 것이기도 하다. (그리고) 이 점은 로드아일랜드(Rhode Island) 경제에 중요한 요소가 되고 있다.

-Forum Journal, "Economic Effects of Historic Preservation in Rhode Island"

과거에 일부 정책결정권자들은 보존활동을 사치스럽고, 경제상황이 좋을 때에만 실행하는 것으로, 예산편성에서 어려움을 겪는 상화에서는 고려하지 않거나 삭감하는 것으로 여겼다. 하지만, 이런 새로운 연구들을 통해 보존이 강력한 경제적 추진장치가 될 수 있음이 입증되었다.

-The Economic Benefits of Historic Preservation in Colorado

한때 논의의 대부분을 미적 혹은 감수성과 관련한 것에 바탕을 두었던 것에 반해, 오늘날 우리는 스스로의 사례를 만들기 위한 경제적이고 환경적인 사실들로 강력하게 무장하고 있다.

-Forum Journal, "Historic Preservation : A Sustainable Design Strategy for the 90's"

나는 진정 그렇게 되기를 바란다.

제 11 장

왜, 무엇을, 언제, 어디에?
Why, What, When, and Where

1 : 중요한 역사건물이 철거될 위험에 처해 있는 경우

핵심 관련자: 자산소유자, 시청 직원, 임용된 관리들, 부동산을 소유한 지역사회 대표들

논 의 형 태: 일대일 면담, 비공식모임, 공청회

발 언 내 용: 당신은 (철거에 관한) 허가가 문제점으로 대두되기 전까지는 철거에 관한 어떤 것도 들어보지 못했을지도 모른다. 예를 들어, 철거를 주장하는 건물조사원과 역사보존위원회 사이에 의사소통이 필요하게 될 때에야 비로소 철거에 관한 이야기를 듣게 될 수도 있다. 그러므로 어떤 역사건물들이 철거대

상이 될 가능성이 있는지에 관해 예측하고 있는 것이 가장 좋은 방법이다. 이런 경우, 주요 쟁점은 다음과 같다. 비어 있거나 노후되고 있는 건물, 유지·관리의 결여, 강한 개발의 압박, 대량으로 자산을 모으고 있는 사람에 의해 역사건물이 구입되는 경우, 소유주가 성공적이지 못한 방법으로 판매나 임대를 시도하는 동안에 필요한 연장기간

유용한 논의주제 : 23, 24, 26, 37, 38, 39, 51, 81~87

2 : 공공단체(시, 카운티, 학군, 주)가 현존하는 건물을 활용하는 방안과 새로운 건축물을 짓는 것 사이에서 결정에 관해 논의 중인 경우

핵심 관련자 : 공무원, 회사의 고문들, 시(혹은 다른 공공단체) 책임자, 임용된 관리들

논 의 형 태 : 비공식 모임들, 공청회, 언론과의 회의들

발 언 내 용 : 누군가가 시의회, 카운티위원회, 학교이사회 등의 회의사항에 대해 모니터링 하는 것이 필요하다. 또한 이것은 보존운동가들이 간섭할 기회를 가지기 전에 "(암암리에) 거래가 완료된" 것일지도 모른다. 기존 구조물의 재활용을 고려하도록 자극하지 않는다면, 상담원들이 종종 건물의 신축을 권장하는 경향이 있다. 가끔은 보존운동가들이 거의 마지막 결정단계에서 이들의 계획을 바꾸도록 선거인단을 움직일 수도 있지만, 이런 과정에서 이기는 경우보다는 대부분 지는 경우가 많다. 또한 그들을 지지하는 정치인을 포섭할 수 있는 경우도 거의 없다. 만약에 보존운동가들이 이런 의사결정단계의 초기에 참여할 수 있다면, 투표권을 가진 임용된 관리들과 적이 아니라 동료로서 입지를 만들 수가 있다.

유용한 논의주제 : 1~4, 17, 27, 39~41, 49, 81~86, 90

3 : 시내 활성화 프로그램(downtown revitalization program)을 제안 중인 경우

핵심 관련자 : 자산소유자들, 사업체 소유자들, 상공회의소의 임원들, 경제발전 책임자, 임용된 관리들

논 의 형 태 : 공공모임, 커피숍, 일대일 논의, 서비스 클럽

발 언 내 용 : 도심지 활성화 프로그램은 다른 어떤 상황보다도 지역사회에 소속된 영향력을 행사할 수 있는 다양한 시민들과의 연합을 모색하고, 동반자 관계를 유지할 수 있는 기회가 된다.

유용한 논의주제 : 44~55, 95, 97

4 : 근린주거 활성화 프로그램(neighborhood revitalization program)을 제안 중인 경우

핵심 관련자 : 주민들, 주택소유자들, 교회와 사회서비스를 제공하는 사람들, 지역사회 개발 책임자, 임용된 관리들

논 의 형 태 : 공청회, 교회를 기반으로 하는 모임들, 현장에서의 대화

발 언 내 용 : 이런 모임들에서는 역사보존보다 그들의 작업일정에 대해 더 많은 관심을 가지고 있는 주거단지 내 운동가들이 포함되는 경향이 있다. 보존운동가들은 다음과 같은 것들이 필요하다. ① 더 광범위한 논의주제들과 보존을 연계시킬 것 ② 적을 만들지 말고 동지를 만들 것 ③ 주택단지의 나머지 주민들에게 보존이 자신들에게 혹은 자신들을 위해서라기보다는 주민들과 "함께"하는 개념이라는 것을 이해할 수 있도록 확신시킬 것.

유용한 논의주제 : 56~65, 66~70

5 : 역사지구선정을 제안 중인 경우

핵심 관련자 : 자산소유자들, 시청직원, 임용된 관리들, 부동산연합회, 은행가들

논 의 형 태 : 공공모임, 공청회, 일대일 논의

발 언 내 용 : 만약 이 상황에서 공청회가 개최될 시점에서 보존운동가들이 처음으로 참여한 것이라면, 이 지역은 선정되지 않을 확률이 높다. 역사지구 선정의 성공적인 입법은 특히 자산소유자들과의 일대일 면담과 더불어 2~3년 앞서 시작된다.

유용한 논의주제 : 29~34, 36, 42, 43, 53, 92

6 : 도심주변부를 개발하려는 움직임이 고려되고 있는 경우

핵심 관련자 : 계획위원회, 시청 직원, 부동산브로커, 개발업자, 자산소유자, 경제개발책임자

논 의 형 태 : 공청회

발 언 내 용 : 이런 개발에 대항하는 가장 강력한 사례는 허가로 인해 해당지역사회의 전반적인 계획과 (혹은) 구역법안(zoning ordinance)의 변형이나 수정이 필요한 경우다. 왜냐하면 보존운동가들이 다음에 논의 된 9와 같은 상황과 관련될 수 있다는 실질적인 중요성 때문이다.

유용한 논의주제 : 25, 26, 27, 46

7 : 관광전략을 개발하고 있는 경우

핵심 관련자 : 관광사업 책임자, 관광사업관련 산업대표자들, 상공회의소 책임자, 경제개발 책임자

논 의 형 태 : 법적으로 확정된 이익집단들 간의 모임

발 언 내 용 : 이런 모임에 보존운동가들이 참석하기 위해서는 초대를 받아

야만 하며, 이것은 우선적으로 당신이 관광사업관련 산업종사자들과 함께 일하기를 열망한다는 것을 알게 해줄 필요가 있다는 것을 뜻한다.

유용한 논의주제 : 71~80, 94

8 : 경제개발전략을 수립 중일 경우

핵심 관련자 : 경제개발책임자, 상공회의소 책임자, 은행가들, 시장, 지역회사 최고운영자들(CEO)

논 의 형 태 : 경제개발 지지자간 개인적인 모임들

발 언 내 용 : 관광사업정책과 같이 경제발전전략은 이 과정에 직접적으로 참여하는 사람들에 의해 수립된다. 대다수의 경제개발 옹호자들이 역사보존을 자산(資産)이라기보다는 책무(責務)라는 견해를 가지고 있기 때문에 관광전략 회합보다는 이런 자리에 초대 받는 것이 더 힘들 것이다. 이럴 경우에는 좋은 관계를 유지하고 있는 은행가들, 지역사업체 사장, 유력한 자선사업가와 같은 동료들을 이용하여 초대를 받는 것이 필요하다. 그래서 일단 여러분이 거기에 초대받게 되면, 합리적이고 유용한 참석자라는 인상을 주는 것이 필수적이다.

유용한 논의주제 : 1~21, 63, 64, 94~100

9 : 상세계획과 구역조례(zoning ordinances)가 적용되고 있거나 개선되고 있는 경우

핵심 관련자 : 계획위원회, 시청 직원, 계획자문들, 자산소유자들

논 의 형 태 : 공청회, 공공모임

발 언 내 용 : 과거에 상세계획들과 구역조례들은 외부전문가들에 의해 제정되고, 공식적으로 공청회에서 발표된 후, 계획위원회와 시의회에 의해 주로 큰 변화 없이 채택되었다. 오늘날 좋은 계

획은 주민들, 자산소유자들, 다른 사람들의 의견을 반영을 하는 것과 더불어 주거단지 수준에서 논의가 시작된다. 그리고 이런 수준에서 나온 관심사안과 논의주제들은 가능한 한 지역사회 전반의 의견과 거의 일치하며, 최종 문서화에 반영된다. 만약 보존운동가들이 상세 계획과 구역조례의 마지막 결정단계에 영향력을 행사하기를 원한다면, 주거단지의 수준에서 행동하고 목소리를 내는 입장에 서야 한다.

유용한 논의주제 : 11, 15, 17, 20, 21, 22~29, 35~37, 42, 43, 66~70, 76

10 : 주택정책이 개발되고 있는 경우

핵심 관련자 : 지역사회 개발책임자, 주택사업기관, 공공서비스기관들, 주거단지 운동가들

논 의 형 태 : 공공모임, 공청회

발 언 내 용 : 주택 옹호자들은 일반적으로 적극적이고, 신념이 뚜렷하며, 지식인들이다. 경제개발 옹호자들처럼 주택 옹호자들도 가끔은 (보존이) 다양한 주택프로그램에 장애물이라고 생각하는 경향이 있다. 보존운동가들은 적극적으로 아래로부터의 움직임(bottom up)에 관련되어야 하며, 주택운동가들이 그렇지 않다고 믿기 전에 질 높은 주택과 보존이 전적으로 상호 소통하는 개념이라는 것을 증명해야 한다. 단지 주택정책을 책정하는 공청회에 얼굴을 비치는 것으로는 충분하지 않을 것이다.

유용한 논의주제 : 22, 25~28, 36, 43, 56~65

11 : 공공점유에 관한 결정(public occupancy decisions)이 진행 중일 경우

핵심 관련자 : 공공기관 직원, 회사의 전문가들 (건축가들, 기술자들), 도시(혹은 다른 공공분야의) 관리자, 임용된 관리들, 제안된 장소의 자산소유자들

논 의 형 태: 비공식 모임들, 공청회, 언론회의들

발 언 내 용: 앞서 2번에서 논의된 내용이 일반적으로 여기에도 적용된다. 게다가 (본인의) 고려되고 있는 특정한 토지나 건물의 자산 소유자가 있을 것이다. 만약에 보존운동가들이 역사건물들이 공공점유를 위해 고려되기를 원한다면, 지역정부 차원의 모든 단계에 요구되는 미래의 공간에 근거를 둔 논의들을 체크할 필요가 있다. 아마도 여러분이 소속된 지역사회에 있는 주나 연방사무실의 임대만료기간을 추적해 보는 것도 현명한 방안이 될 수도 있다.

유용한 논의주제: 2, 4, 9, 127, 24, 26, 27, 28, 39~41, 47~49, 94, 95

12 : 공공자금증진(public capital improvement budget)을 위한 예산이 결정되고 있을 경우

핵심 관련자: 시의회 회원들, 공공분야에서 일하는 책임자, 시소속 기술자, 시장, 지역사회 개발 책임자

논 의 형 태: 일대일 면담, 공청회

발 언 내 용: 자금증진예산은 일반적으로 (자금 조성이) 수년간에 걸쳐서 이루어지기 때문에 보존운동가들은 어떤 종류의 공공사업 지출들이 지금부터 3~4년 후에 도움이 될 지에 관해 생각해 볼 필요가 있다.

유용한 논의주제: 21, 22, 25~28, 45, 46, 48, 58~62, 65, 76

13 : 법인사무실의 위치에 관한 사항이 결정되고 있을 경우

핵심 관련자: 법인의 최고경영자, 법인 고위직 직원, 법인이사회 회원들

논 의 형 태: 사적인 법인위원회와 이사회 모임

발 언 내 용: 대부분의 경우, 이런 결정에 앞서서 또는 직접적으로 영향을 줄 수 있는 기회는 없을 것이다. 그러므로 (예를 들면, 지역

산업발전재단에 실시하는 연간보고회를 통해서) 법인단체들에게 역사보존이 부분적으로 법인의 효과적인 이미지 창출과 신축을 대신해서 신뢰할 만한 대안이라는 것을 정기적으로 알려야 한다.

유용한 논의주제 : 12, 17, 18, 19, 45, 96~99

14 : 개인부동산 투자에 관한 결정이 이루어지고 있을 경우

핵심 관련자 : 투자자, 은행가, 회계사, 부동산 브로커, 변호사, 평가단

논 의 형 태 : 사적 결정에 의존

발 언 내 용 : 잠정적인 각 투자가들의 투자선택에 관한 것이나 누가 투자가가 될 것이라는 사실을 미리 알기란 불가능하다 그러므로 이런 결정을 내려야 하는 개인들이 역사보존이 제공해 줄 수 있는 혜택에 대해 알 수 있도록 하는 것이 필요하다. 재정관련 지역사회들, 부동산 지역사회들, 법률과 회계관련 전문가들이 보존에 투자해야 하는 경제적인 매력들에 대해 정기적으로 상기시켜 주는 것이 필요하다.

유용한 논의주제 : 13, 14, 17, 30~34, 81~93

15 : 지역단위 보존 활성화 프로그램이 적용되고 있을 경우

핵심 관련자 : 시의회 회원들, 시장, 경제개발 책임자, 시재정 관리, 시변호사, 자산소유자들

논 의 형 태 : 일대일 면담, 비정기적인 모임, 공청회

발 언 내 용 : 이런 노력은 프로그램들이 계획되기 한참 전에 시작해야 한다. 역사적인 지역사회가 초기단계에 지역의 혜택에 관한 법안이 제정되도록 장려할 필요가 있다는 점을 기회로 삼아야 한다.

유용한 논의주제 : 1~10, 21, 47, 48, 76

16 : 주단위 보존활성화 프로그램이 적용되고 있을 경우

핵심 관련자 : 주입법자들, 주지사, 주 기구들, 주 예산부처, 법률관련 연구원

논 의 형 태 : 비공식 모임, 공청회

발 언 내 용 : 앞서 15번에서 논의된 사안들이 여기에도 적용된다. 하지만 의견 제기부터 입안까지 걸리는 시간대가 훨씬 더 길어지는 경향이 있다.

유용한 논의주제 : 1~4, 21, 48, 73

17 : 보존관련 활동을 위한 지역단위 공공자금이 고려되고 있을 경우

핵심 관련자 : 시의회 회원들, 시장, 시 재정위원, 시 직원, 다른 공공자금 수혜자들

논 의 형 태 : 일대일 면담, 공청회

발 언 내 용 : 내년에 편성될 예산에 대해 제안을 할 수 있는 기간은 금년 예산이 통과 된 직후부터 이다. 당신이 제안하고 있는 곳에 투자할 수 있는 부처의 수장과 함께 시작하라. (그러나) 당신이 임용된 관리들 중에서 후원자를 보유하고 있기 때문에 시 직원들과 이야기 할 필요가 없다고 하는 생각은 예외 없이 실수를 야기한다.

유용한 논의주제 : 1~10, 21, 47, 48, 76

18 : 보존관련 활동을 위한 주단위 공공자금이 고려되고 있을 경우

핵심 관련자 : 입법자들, 주 부서들, 주지사, 입법 위원회 회원들, 주정부 예산부처

논 의 형 태 : 소규모 비정기모임, 공청회

발 언 내 용 : 주정부의 예산에 적절하다는 판단을 얻기 위해서는 임용된

관리들, 임용 예정된 관리들, 경력 있는 주정부 직원들과 연합하는 것이 중요하고, 특히 이때 공공자원들이 희박한 시기라면 더 효과적이다.

유용한 논의주제 : 1~4, 21, 48, 73

19 : 디자인 조례가 고려되고 있을 경우

핵심 관련자 : 시 직원, 시의회, 자산소유자, 부동산 지역사회

논 의 형 태 : 공공모임, 공청회, 일대일 면담

발 언 내 용 : 조례가 사실상 제안된 후에도 핵심열쇠를 쥐고 있는 모든 관련된 사람들에게 일대일 면담시 필요한 광범위한 관련지식의 전달이 이루어져야 한다.

유용한 논의주제 : 20, 30~34, 50, 92, 98

20 : 부동산소유자가 현존하는 자산에 대해 재투자를 하려고 시도하고 있는 경우

핵심 관련자 : 자산소유자, 회계사, 은행가

논 의 형 태 : 개인 결정에 의존

발 언 내 용 : 앞서 논의 되었던 14번 주제가 여기에도 적용된다. 개별건물과 주변 환경들의 상호 관련성 때문에 투자는 그 지역 내에서 조직화되고, 구체적으로 실행 가능한 활성화 노력이 있는 경우에 발생하는 경향이 있다. 그러므로 개인투자가 발생할 확률은 도심지나 주거단지 활성화 프로그램이 실행될 경우에 훨씬 더 높아 질 것이다.

유용한 논의주제 : 13, 14, 17, 21, 39, 81~93

21 : 주차장이 제안되고 있는 경우

핵심 관련자 : 사업운영자들, 공공사업분야 책임자, 시의회, 상인연합회
논 의 형 태 : 공공모임, 공청회
발 언 내 용 : 이런 논쟁은 두 가지 논의에 관한 것이 될 것이다. ① 더 많은 주차공간이 필요한가? ② 그것들이 어디에 조성되어야 하는가? 보존운동가들은 두 가지 의제에 관해 중요한 기여자가 될 수 있으나, 첫 번째보다는 두 번째 안건에서 주장을 관철시키는 것이 더 중요하다.
유용한 논의주제 : 23, 38, 50, 85, 86, 87

22 : 사업체의 채용 혹은 이전(移轉)에 관한 결정들이 이루어지고 있을 경우

핵심 관련자 : 경제개발책임자, 사업운영자, 상공회의소 책임자
논 의 형 태 : 일대일 면담, 비정기모임
발 언 내 용 : 보존운동가들이 이 과정에 참여하기 위해서는 경제개발을 반대하는 것이 아니라 선호한다는 자세를 보여줘야 한다. 게다가 만약 역사자원들이 위치한 지역을 포괄하는 상세한 활성화 노력이 있다면, 역사건물들은 이것들을 지원하고 있는 사업운영자들과 경제개발 전문가들에 의해 더 호의적으로 고려될 것이다.
유용한 논의주제 : 1~21, 51, 52, 89, 93, 96~99

23 : 자산소유자가 현재 소유한 건물을 "현대화"하려는 결정을 하고 있을 경우

핵심 관련자 : 자산소유자, 계약자, 건축가
논 의 형 태 : 개인 결정에 의존
발 언 내 용 : 현존하는 디자인조례가 없다면, 자산소유자가 일반적으로 건

물을 현대화하려고 할 때 어떤 행위도 가능하다. 만약 가능하다면 보존운동가들에게는 다음과 같은 사항들이 필요하다. ① 자산소유자가 적절하게 재투자할 수 있도록 유도하는 대상 장소에 적용되는 혜택이 필요하다. ② 자산 소유주들이 상담을 하고 있는 도급업자들, 건축가들 등이 적절한 지역의 활성화 방안에 익숙한지에 관해서 숙지하고 있어야 한다.

유용한 논의주제 : 21, 39, 41, 82, 83, 90~92

24 : 특별투자지구나 서비스지구의 지정이 제안되고 있을 경우

핵심 관련자 : 시장, 시의회, 시변호사, 자산소유자들, 상공회의소 책임자, 사업가 혹은 상인협의회, 공공사업 책임자

논 의 형 태 : 일대일 면담, 비정기모임, 공공모임, 공청회

발 언 내 용 : 해당지구에 대한 결정시점 이전에 주요핵심 인사들과 함께 의사결정에 영향을 주는 광범위한 작업이 개별적으로 진행되어야 한다. 보존운동가들은 지원을 아끼지 말아야 하며, 다만 (보존의 필요성에 관한) 교육과 (이에 대한 시민들의) 호응에 대한 책임은 반드시 자산소유자들, 은행가들, 사업가 등 자금을 지불할 수 있는 사람들과 나눌 필요가 있다.

유용한 논의주제 : 3, 10, 11, 20~22, 28, 32, 43, 48, 76

인용문(Citation)

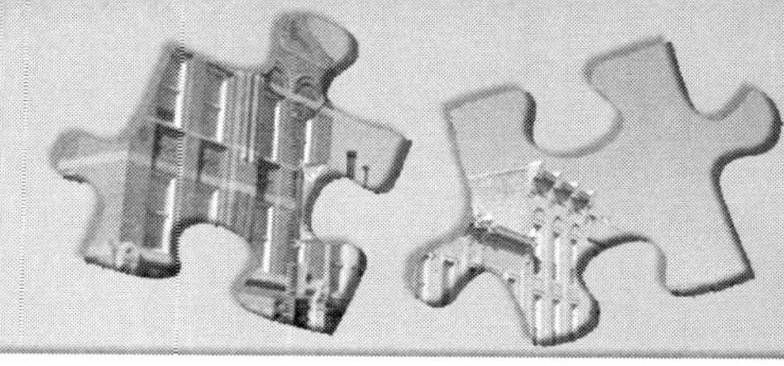

#1 Joni Leithe and Patricia Tigue, *Profiting from the Past: The Economic Impact of Historic Preservation in Georgia.* Chicago: Government Finance Officers Association, 1999.

The Economic Benefits of Historic Preservation in Colorado. Denver: Colorado Historical Foundation, 2002.

Edward F. Sanderson, "Economic Effects of Historic Preservation in Rhode Island," *Forum Journal*, Fall 1994, Vol. 9, No. 1.

Luke VanBelleghem, "Network Notes: Historic Preservation Boosts Florida's Economy," *Main Street News*, May 2003, Vol. 196.

Job creation comparisons based on data abstracted from: *Regional Multipliers: A User Handbook for the Regional Input-Output Modeling System (RIMS II).* U.S. Department of Commerce, Bureau of Economic Analysis, May 1992.

#2 David Listoken and Michael L. Lahr, "Economic Impacts of Preservation in New Jersey and Texas," *Forum Journal*, Spring 2000, Vol. 14, No. 3.

David John Phillips, "An Economic Analysis for Preserving U.S. Army Barracks Constructed Between 1880 and 1940," *Cost Engineering*, April 2002, Vol. 44, No. 4.

#3 Craig Hunter, "Transforming History into Economic Development," *Forum Journal*, Summer 1995, Vol. 9, No. 4.

Edward F. Sanderson, "Economic Effects of Historic Preservation in Rhode Island," *Forum Journal*, Fall 1994, Vol. 9, No. 1.

Storm Cunningham, *The Restoration Economy.* San Francisco: Berrett-Koehler Publishers, 2002.

Sally G. Oldham, "The Business of Preservation Is Bullish and Diverse," *Forum Journal*, Winter 1990, Vol. 3, No. 4.

#4 Nancy Solomon, "Tapping the Synergies of Green Building and Historic Preservation," *Architectural Record*, July 2003.

Save Our City: A Case for Boston. Boston: Historic Boston Incorporated, 1992.

#5 Donovan Rypkema and Katherine Wiehagen, *The Economic Benefits of Preserving Philadelphia's Past.* Philadelphia: Preservation Alliance for Greater Philadelphia, 1998.

Bill Naito, "Historic Buildings: A Priceless Asset," *Field Notes, Historic Preservation League of Oregon*, Fall 1992.

Save Our City: A Case for Boston. Boston: Historic Boston Incorporated, 1992.

#6 Joseph P. Riley, Jr., "The Mayor as Urban Designer." Keynote speech to The Mayors' Institute on City Design, University of Virginia, April 28, 1994.

The Economic Benefits of Preserving Community Character, A Case Study: Galveston, Texas. Chicago: Government Finance Officers Association, 1991.

Kim Chen, "The Importance of Historic Preservation in Downtown Richmond: Franklin Street, A Case Study," *Historic Richmond Foundation News*, Winter 1990.

#7 Phillip Herr, *Saving Place: A Guide and Report Card for Protecting Community Character.* Boston: National Trust for Historic Preservation, 1995.

The Economic Benefits of Preserving Community Character, A Case Study: Fredericksburg, Virginia. Chicago: Government Finance Officers Association, 1991.

#8 Joslyn Green, *Getting Started: How to Succeed in Heritage Tourism.* Washington, D.C.: National Trust for Historic Preservation, 1993.

Report of the Joint Study Committee: Economic Development through Historic Preservation. The General Assembly, State of Georgia, 1987.

Robert Becker, "Beauty—The South's Money Crop," *Enhancing Rural Economies through Amenity Resources.* Proceedings of a National Policy Symposium, Pennsylvania State University, 1991.

#9 *Save Our City: A Case for Boston.* Boston: Historic Boston Incorporated, 1992.

Anthony W. Robbins, *Landmarks Preservation and Economic Development in New York City.* New York: Landmarks Preservation Commission, 1994.

#10 Philip Kotler, Donald H. Haider, and Irving Rein, *Marketing Places.* New York: The Free Press, 1993.

Roberta Brandes Gratz, *Cities Back from the Edge.* Quoted in Patricia Leigh Brown, "Design Notebook; What Price Preservation?" *The New York Times*, July 23, 1998.

Storm Cunningham, *The Restoration Economy.* San Francisco: Berrett-Koehler Publishers, 2002.

#11 Kim Chen, "The Importance of Historic Preservation in Downtown Richmond: Franklin Street, A Case Study," *Historic Richmond Foundation News*, Winter 1990.

Roger R. Stough, "Economic Development Theory and Practice: Heritage-Based Development," *Forum Journal*, July/August 1994, Vol. 8, No. 4.

#12 Richard J. Roddewig, *Economic Incentives for Historic Preservation in Atlanta.* Washington, D.C.: National Trust for Historic Preservation, 1987.

Report of the Joint Study Committee: Economic Development through Historic Preservation. The General Assembly, State of Georgia, 1987.

#13 Carolyn Douthat, "Economic Incentives for Historic Preservation in Oakland, California," *Forum Journal*, Fall 1994, Vol. 9, No. 1.

#14 Richard Florida, "How Creativity and Sense of Place Fuel the New Economy," *Forum Journal*, Winter 2004, Vol. 18, No. 2.

John E. Petersen and Susan G. Robinson, *The Effectiveness and Fiscal Impact of Tax Incentives for Historic Preservation: A Reconnaissance for the City of Atlanta.* Chicago: Government Finance Officers Association, 1988.

#15 Richard J. Roddewig, *Economic Incentives for Historic Preservation in Atlanta.* Washington, D.C.: National Trust for Historic Preservation, 1987.

David Salvesen, "A Catalyst for Redevelopment," *Urban Land Archives*, November/December 1999.

#16 Edward F. Sanderson, "Economic Effects of Historic Preservation in Rhode Island," *Forum Journal*, Fall 1994, Vol. 9, No. 1.

Arthur Frommer, "People and the Past," *Travel Holiday*, February 1993.

#17 *Save Our City: A Case for Boston.* Boston: Historic Boston Incorporated, 1992.

Kennedy Smith, "The Future of Main Street," *Main Street News*, July 2003, Vol. 198.

#18 David Birch, *Job Creation in America: How Our Smallest Companies Put the Most People to Work.* New York: The Free Press, 1987.

Philip Kotler, Donald H. Haider, and Irving Rein, *Marketing Places.* New York: The Free Press, 1993.

Susan Robinson and John E. Petersen, *Fiscal Incentives for Historic Preservation.* Chicago: Government Finance Officers Association, 1989.

Report of the Joint Study Committee: Economic Development through Historic Preservation. The General Assembly, State of Georgia, 1987.

#19 Bill Naito, "Historic Buildings: A Priceless Asset," *Field Notes, Historic Preservation League of Oregon*, Fall 1992.

#20 Ronald Lee Fleming, *Saving Face: How Corporate Franchise Design Can Respect Community Character*. Chicago: American Planning Association, 2002.

Economic Benefits of Historic Preservation: The Impact of Historic Preservation on Local Economies in Georgia. Historic Preservation Section, Georgia Department of Natural Resources, 1991.

#21 Susan Robinson and John E. Petersen, *Fiscal Incentives for Historic Preservation*. Chicago: Government Finance Officers Association, 1989.

Senator Charles Grassley, "Improving a Tool for Historic Preservation," Marshalltown, Iowa, *Times-Republican*, December 29, 2004.

Property Tax Incentives for Landmarks: An Analysis. Chicago: Landmarks Preservation Council of Illinois, 1994.

Mayor Edward G. Rendell, "The New Urban Agenda." Policy paper released by the Office of the Mayor, City of Philadelphia, April 15, 1994.

Kathleen Fitzpatrick Hoffelder, "Rehabs: A Solid Niche in a Shaky Market," *National Real Estate Investor*, July 1, 2003.

#22 David Listoken and Michael L. Lahr, "Economic Impacts of Preservation in New Jersey and Texas," *Forum Journal*, Spring 2000, Vol. 14, No. 3.

Donovan D. Rypkema, "Historic Preservation and Affordable Housing: The Missed Connection," *Forum Journal*, Spring 2003, Vol. 17, No. 3.

Winifred Gallagher, *The Power of Place*. New York: Poseidon Press, 1993.

Emerging Trends in Real Estate, PricewaterhouseCoopers, 2002.

#23 Winifred Gallagher, *The Power of Place*. New York: Poseidon Press, 1993.

E.V. Walter, *Placeways*. Chapel Hill: University of North Carolina Press, 1988.

Mary Ann Glendon, *Rights Talk: The Impoverishment of Political Discourse*. New York: Free Press, 1991.

Stuart Hampshire, "The Future of Knowledge," *New York Review of Books*, March 31, 1977. Cited in E.V. Walter, *Placeways*. Chapel Hill: University of North Carolina Press, 1988.

#24 National Association of Home Builders, "Building a Balance: Solid Waste Disposal." Environmental Education Fact Sheet. 2004.

Edward D. Fowler, "Construction and Demolition Wastes: The Neglected Challenge of the 90s." Paper presented at the Legislative Commission on Solid Waste Management, New York City, 1991.

Donovan D. Rypkema, "Planning for the Future, Using the Past, The Role of Historic Preservation in Building Tomorrow's Washington, D.C.," Policy Paper, September 2003.

Adaptive Reuse: Preserving Our Past, Building Our Future. Australian Government, Department of the Environment and Heritage, 2004.

#25 Neal R. Peirce with Curtis W. Johnson and John Stuart Hall, *Citistates: How Urban America Can Prosper in a Competitive World*. Seven Locks Press, 1993.

The Cost of Sprawl. Augusta: Maine State Planning Office, 1997.

"What's So Bad About Sprawl?" Minneapolis/St. Paul: Pioneer Press, November 18, 1996.

Nancy Solomon, "Tapping the Synergies of Green Building and Historic Preservation," *Architectural Record*, July 2003.

Christine Todd Whitman. Inaugural address as New Jersey Governor, January 20, 1998.

#26 Constance E. Beaumont, *How Superstore Sprawl Can Harm Communities*. Washington, D.C.: National Trust for Historic Preservation, 1994.

Luke VanBelleghem, "Brownfields: Reclaiming Urban Wastelands," *Main Street News*, November 2002, Vol. 191.

Christine Todd Whitman. Keynote speech to Partners for Smart Growth Conference, Austin, Tex., December 18, 1998. Reprinted in *Challenging Sprawl*. Washington, D.C.: National Trust for Historic Preservation, 1999.

#27 *The Economic Benefits of Historic Preservation in Colorado*, Denver: Colorado Historical Foundation, 2002.

Parris N. Glendening. Speech at forum sponsored by the Center on Urban and Metropolitan Policy of the Brookings Institution, May 1997. Reprinted in *Challenging Sprawl*. Washington, D.C.: National Trust for Historic Preservation, 1999.

Recycling America's Land: A National Report on Brownfields Redevelopment. Washington, D.C.: The U.S. Conference of Mayors, 2003.

#28 Tracy Pickerill, *Issues Facing Valuers in the Appraisal of Historic Buildings*. Dublin Institute of Technology, Royal Institution of Chartered Surveyors.

Carolyn Douthat, "Economic Incentives for Historic Preservation in Oakland, California," *Forum Journal*, Fall 1994, Vol. 9, No. 1.

#29 Joni L. Leithe with Thomas Muller, John E. Petersen and Susan Robinson, *The Economic Benefits of Preserving Community Character*. Chicago: Government Finance Officers Association, 1991.

#30 *Federal Heritage Buildings Review Office (FHBRO) Code of Practice*, Government of Canada, 1993.

Donovan D. Rypkema, "The (Economic) Value of National Register Listing," *CRM*, 2002, Vol. 25. No 1.

Economic Impacts of Historic Preservation in Florida, Florida Department of State, Division of Historic Resources, Bureau of Historic Preservation, September 2002.

#31 *The Economic Benefits of Historic Preservation in Colorado*. Denver: Colorado Historical Foundation, January 2002.

Joni L. Leithe and Patricia Tigue, *Profiting from the Past: The Economic Impact of Historic Preservation in Georgia*. Chicago: Government Finance Officers Association, 1999.

The Impact of Historic Districts on Residential Property Values. New York City Independent Budget Office, September 2003.

Robert Shipley, "Heritage Designation and Property Values: Is There an Effect?" *The International Journal of Heritage Studies*, Vol. 6, No. 1, 2000.

Robin M. Leichenko, N. Edward Coulson, and David Listoken, "Historic Preservation and Residential Property Values: An Analysis of Texas Cities," *Urban Studies*, Vol. 38, No. 11, 1973–1987, 2001.

#32 Lisa Purdy, "Why Is Historic Preservation Considered to be in the Public's Best Interest?" Privately circulated paper, Denver, 1994.

Lower Downtown: Economic Impact of Historic District Designation, Denver Office of Planning and Community Development, 1990.

The Economic Benefits of Historic Preservation in Colorado. Denver: Colorado Historical Foundation, 2002.

#33 Dennis E. Gale, "The Impacts of Historic District Designations: Planning and Policy Implications," *Journal of the American Planning Association*, Summer 1991.

Deborah Ann Ford, "The Effect of Historic District Designation on Single-Family Home Prices," *Journal of the American Real Estate and Urban Economics Association*, 1989, Vol. 17, No. 3.

Robert Shipley, "Heritage Designation and Property Values: Is There an Effect?" *The International Journal of Heritage Studies*, 2000, Vol. 6, No. 1.

The Economic Benefits of Historic Preservation in Colorado. Denver: Colorado Historical Foundation, 2002.

Karl Stumpf and Bayard T. Whitmore, "Sensitive Change," *Urban Land*, December 1998.

#34 *The Financial Impact of Historic Designation*, A Report by the Virginia Department of Historic Resources Pursuant to Senate Joint Resolution 162, December 1991.

Virginia O. Benson and Richard Klein, "The Impact of Historic Districting on Property Values," *The Appraisal Journal*, 1988.

David Listoken and Michael L. Lahr, "Economic Impacts of Preservation in New Jersey and Texas," *Forum Journal*, Spring 2000, Vol. 14, No. 3.

Luke VanBelleghem, "Network Notes: Historic Preservation Boosts Florida's Economy," *Main Street News*, May 2003, Vol. 196.

#35 "Saving African American Landmarks in Indiana," *The Alliance Review*, March/April 2004.

Patsy M. Fletcher, "Historic Preservation as a Means of Community Economic Development." Unpublished master's thesis, New Hampshire College, 1993.

Forum Online, Solutions Database, "Adaptive Use of Walnut Cove Colored School, Stokes County, North Carolina." National Trust for Historic Preservation. www.nationaltrust.org.

#36 "Planning for the Future, Using the Past: The Role of Historic Preservation in Building Tomorrow's Washington, D.C." Policy paper, D.C. Office of Planning, 2003.

Luke VanBelleghem, "Upstairs Downtown," *Main Street News*, March 2002, Vol. 184.

Christine Rombouts, "Historic Reuse," *Urban Land*, October 2003.

#37 Allen Freeman "Too Busy to Preserve?" Interview with Frank Howington in *Historic Preservation*, March/April 1992.

Dana Crawford, "Crowninshield Winners Share Experiences: Preservation and the Public Realm," *Forum Journal*, Fall 1999, Vol. 14, No. 1.

#38 Donovan D. Rypkema, *The Economics of Rehabilitation*, Washington, D.C.: National Trust for Historic Preservation, 1991.

Bill Naito, "Historic Buildings: A Priceless Asset," *Field Notes, Historic Preservation League of Oregon*, Fall 1992.

Miami Beach Councilwoman Nancy Liebman. Cited in Beth Dunlop, "Coping with Success," *Historic Preservation*, July/August 1992.

#39 *Federal Heritage Buildings Review Office (FHBRO) Code of Practice*. Government of Canada, 1993.

Paul Rappoport, "Perspective on Heritage Values," quoted in *Construction Contractor* (Australia), June 2003.

#40 *The Benefits of Cultural Resource Conservation: Commander's Guide*. Department of Defense, 1994.

Constance Ramirez, Donald R. Horn, AIA, and Bradley Wolf, "The Economics of Preserving Historic Federal Buildings," *Forum News*, September/October 1999, Vol. 6, No. 1.

#41 *The Benefits of Cultural Resource Conservation: Commander's Guide.* Department of Defense, 1994.

Constance Ramirez, Donald R. Horn, AIA, and Bradley Wolf, "The Economics of Preserving Historic Federal Buildings," *Forum News*, September/October 1999, Vol. 6, No. 1.

Carolyn Douthat, "Economic Incentives for Historic Preservation in Oakland, California," *Forum Journal*, Fall 1994, Vol. 9, No. 1.

#42 Philip Kotler, Donald H. Haider, and Irving Rein, *Marketing Places.* New York: The Free Press, 1993.

Jayne Daly, "Heritage Areas: Connecting People to their Place and History," *Forum Journal*, Summer 2003, Vol. 17, No. 4.

Patsy M. Fletcher, "Historic Preservation as a Means of Community Economic Development." Unpublished master's thesis, New Hampshire College, 1993.

#43 Lisa Purdy, "Why Is Historic Preservation Considered to be in the Public's Best Interest?" Privately circulated paper, Denver, 1994.

Economic Benefits of Historic Preservation: The Impact of Historic Preservation on Local Economies in Georgia, Historic Preservation Section, Georgia Department of Natural Resources, 1991.

#44 *A Rise in Downtown Living.* The Brookings Institution Center on Urban and Metropolitan Policy and the Fannie Mae Foundation, November 1998.

Kent Robertson, "Enhancing Downtown's Sense of Place," September 1999, *Main Street News*, Vol. 157.

#45 Kent Robertson, "Enhancing Downtown's Sense of Place," *Main Street News*, September 1999, Vol. 157.

Neal R. Peirce with Curtis W. Johnson and John Stuart Hall, *Citistates: How Urban America Can Prosper in a Competitive World.* Santa Ana, Calif.: Seven Locks Press, 1993.

#46 *Economic Impact and Fiscal Analysis of Oregon's Special Tax Assessment of Historic Properties.* Oregon State Historic Preservation Office, 1992.

#47 John E. Petersen and Susan G. Robinson, *The Effectiveness and Fiscal Impact of Tax Incentives for Historic Preservation: A Reconnaissance for the City of Atlanta.* Government Finance Officers Association, 1988.

Carolyn Douthat, "Economic Incentives for Historic Preservation in Oakland, California," *Forum Journal*, Fall 1994, Vol. 9, No. 1.

#48 *The Economic Benefits of Historic Preservation in Colorado.* Denver: Colorado Historical Foundation, January 2002.

Amanda B. West and Kennedy Smith, "Main Street 101: How to Stimulate Interest in Building Improvements," *Main Street News*, May 1998, Vol. 143.

#49 Carol Strickland, "Seeking a New Route," *Historic Preservation News*, February 1993.

Joslyn Green, *Getting Started: How to Succeed in Heritage Tourism.* Washington, D.C.: National Trust for Historic Preservation, 1993.

#50 Carl Abbott, "Everybody's Neighborhood." Cited in Brian Douglas Scott, "Downtowns in the Future of American Cities." Unpublished paper, 1992.

James Howard Kunstler, *Geography of Nowhere: The Rise And Decline of America's Man-Made Landscape.* New York: Free Press, 1994.

Kent Robertson, "Enhancing Downtown's Sense of Place," *Main Street News*, September 1999, Vol. 157.

Ronald Lee Fleming, *Saving Face: How Corporate Franchise Design Can Respect Community Character*. Chicago: American Planning Association, 2002.

Lisa Purdy, "Why Is Historic Preservation Considered to be in the Public's Best Interest?" Privately circulated paper, Denver, 1994.

#51 Richard J. Roddewig, *Economic Incentives for Historic Preservation in Atlanta*. Washington, D.C.: National Trust for Historic Preservation, 1987.

Carolyn Douthat, "Economic Incentives for Historic Preservation in Oakland, California," *Forum Journal*, Fall 1994, Vol. 9, No. 1.

#52 *Central Business Districts: The Downtown Element*. Cumberland County Comprehensive Plan, Cumberland County Office of Planning, 1992.

#53 *Economic Development through Historic Preservation*. Report of the Joint Study Committee: The General Assembly, State of Georgia, 1987.

#54 Kim Chen, "The Importance of Historic Preservation in Downtown Richmond: Franklin Street, A Case Study," *Historic Richmond Foundation News*, Winter 1990.

Franklin D. Raines, "Playing from Strength: The Market Power of Cities," *The Brookings Review*, Summer 2000, Vol. 18, No. 3.

#55 Chris Johansen, "From Housing to Main Street: Expanding the Mission of Community Development Corporations," *Main Street News*, May 2000, Vol. 164.

Storm Cunningham, *The Restoration Economy*. San Francisco: Berrett-Koehler Publishers, 2002.

#56 Bertha Gilkey, "Preserving Community by Empowering the Poor," *Preservation Forum*, January/February 1994.

A Vision for Growing an Inclusive City: Washington, D.C. District of Columbia Office of Planning.

#57 Roberta Brandes Gratz , *The Living City*. Washington, D.C.: Preservation Press, 1994.

The Economic Benefits of Historic Preservation in Colorado. Denver: Colorado Historical Foundation, 2002.

Jeff Shrimpton and Martha Raymond, "Historic Preservation and Low-Income Housing," *Ohio Preservation*, January-February 1992.

Patsy M. Fletcher, "Historic Preservation as a Means of Community Economic Development." Unpublished master's thesis, New Hampshire College, 1993.

Claudia Polley, "Revitalizing Fayette Street," *Forum Journal*, September/October 1993.

Pratt Cassity, *Maintaining Community Character: How to Establish a Local Historic District*. Washington, D.C.: National Trust for Historic Preservation, 2001.

Greg Nickels. Quoted in Heather MacIntosh, "Gentrification and Historic Preservation," *Historic Seattle*, 2001. www.seattle.gov/commnty/histsea/issues/gentrification

#58 Martha Ross, "Expanding the Mission of Community Development Corporations Documenting Neighborhood Conditions in Washington, DC," January 2004. www.brook.edu/dybdocroot/URBAN/gwrp/publinks/2004_issuescan.pdf

National Association of Home Builders, "Location, Neighborhood Most Important Factors When Buying a Home," Housing News Service. Press release, December 2, 1993.

Andrew Solomon, "Mayor Menino Named Public Official of the Year by Governing Magazine; Boston's 'Main Street Maestro' Is One of Nine Exceptional Leaders." November 12, 2001. www.usmayors.org/uscm/us_mayor_newspaper/documents/11_12_01/Menino.asp

John Kromer, "Vacant Property Policy and Practice: Baltimore and Philadelphia." Discussion paper prepared for The Brookings Institution Center on Urban and Metropolitan Policy and CEOs for Cities, October 2002.

R.B. Taylor, *Territorial Functioning*, Cambridge University Press, 1988. Cited in Winifred Gallagher, *The Power of Place*.

#59 Floyd Argersinger, *Washington State Special Valuation for Improvements to Historic Property*. Washington State Department of Community Development, 1993.

The Economic Benefits of Historic Preservation in Colorado, Denver: Colorado Historical Foundation, 2002.

#60 Daniel Shapiro, "Rehab Tax Credits Make Dollars and Sense for You," *Real Estate Today*, October 1984.

Floyd Argersinger, *Washington State Special Valuation for Improvements to Historic Property*. Washington State Department of Community Development, 1993.

Chris Johansen, "From Housing to Main Street: Expanding the Mission of Community Development Corporations," *Main Street News*, May 2000, Vol. 164.

#61 *A Vision for Growing an Inclusive City: Washington, D.C.* District of Columbia Office of Planning.

Sharon C. Park, "Guidance for Incorporating Affordable Housing in Rehabilitated Historic Buildings," *CRM*, Vol. 20, No. 6.

Save Our City: A Case for Boston, Boston: Historic Boston Incorporated, 1992.

#62 Anthony Downs, *New Visions for Metropolitan America*. The Brookings Institution, 1994.

Donovan D. Rypkema, "Historic Preservation and Affordable Housing: The Missed Connection," *Forum Journal*, Spring 2003, Vol. 17, No. 3.

#63 Philip Kotler, Donald H. Haider, and Irving Rein, *Marketing Places*. New York: The Free Press, 1993.

Donovan D. Rypkema, "Historic Preservation and Affordable Housing: The Missed Connection" *Forum Journal*, Spring 2003, Vol. 17, No. 3.

#64 Robert B. Reich, *The Work of Nations*, New York: Alfred A. Knopf, 1991.

Anthony Downs, *New Visions for Metropolitan America*, The Brookings Institution, 1994.

Howard B. Slaughter, Jr., "Integrating Economic Development and Historic Preservation in Pittsburgh, Pa.," *Forum Journal*, Spring 1997, Vol. 11, No. 3.

Matthew Wagner, "Doing Business in Urban Neighborhoods: Perception and Reality," *Main Street News*, April 1996, Vol. 121.

#65 *Meeting Our Nation's Housing Challenges, Report of the Bipartisan Millennial Housing Commission*, Appointed by the Congress of the United States. Washington, D.C.: May 30, 2002.

Donovan D. Rypkema, "Historic Preservation and Affordable Housing: The Missed Connection," *Forum Journal*, Spring 2003, Vol. 17, No. 3.

#66 Floyd Argersinger, *Washington State Special Valuation for Improvements to Historic Property*. Washington State Department of Community Development, 1993.

A Road Map to Revitalizing Urban Neighborhood Business Districts, New York: Local Initiatives Support Corporation, 2003.

#67 Carolyn E. Bell, "Neighborhood, Commercial Revitalization in Fort Worth," *Nation's Cities Weekly*, June 2, 1986.

#68 Brian Douglas Scott, "People, Places & Activities in Urban Neighborhoods." Unpublished paper, 1993.

Shaping the City's Future. New York City Planning Commission, 1993.

#69 Richard J. Roddewig, *Economic Incentives for Historic Preservation in Atlanta*, Washington, D.C.: National Trust for Historic Preservation, 1987.

Carolyn Douthat, "Economic Incentives for Historic Preservation in Oakland, California," *Forum Journal*, Fall 1994, Vol. 9, No. 1.

#70 Patsy M. Fletcher, "Historic Preservation as a Means of Community Economic Development." Unpublished master's thesis, New Hampshire College, 1993.

#71 Travel Industry Association of America, "Travelers' Desire to Experience History and Culture Stronger than Ever." Press release, June 30, 2003. www.tia.org/Press/pressrec.asp?Item=284.

Culture and Development at the Millennium. The World Bank, 1998.

American Express Chairman and CEO Kenneth I. Chenault. Quoted in press release at http://home3.americanexpress.com/corp/latestnews/wmf2002-grants.asp

#72 *Historic Hostels*. Hostelling International-American Youth Hostels, 1994.

Arthur Frommer. Prefiled testimony. State of Vermont Environmental Board, Land Use Permit Application #6F0471-EB, 1994.

Richard J. Roddewig, "Selling America's Heritage... Without Selling Out," *Forum Journal*, Fall 1988, Vol. 2, No. 3.

Travel Industry Association of America, "Travelers' Desire to Experience History and Culture Stronger than Ever." Press release, June 30, 2003. www.tia.org/Press/pressrec.asp?Item=284.

Amy Jordan Webb, "Is Heritage Tourism Right for Your Community?" *Main Street News*, December 1997, Vol. 138.

#73 Joni Leithe and Patricia Tigue, *Profiting from the Past: The Economic Impact of Historic Preservation in Georgia*. Government Finance Officers Association, 1999.

Philip Kotler, Donald H. Haider, and Irving Rein, *Marketing Places*. New York: The Free Press, 1993.

Bob Holden, "In Missouri, Preservation Makes Economic Sense," *Forum Journal*, Fall 2002, Vol. 17, No. 1.

David Listoken and Michael L. Lahr, "Economic Impacts of Preservation in New Jersey and Texas," *Forum Journal*, Spring 2000, Vol. 14, No. 3.

Economic Impacts of Historic Preservation in Florida. Center for Governmental Responsibility, University of Florida and Center for Urban Policy Research, Rutgers University, 2002.

#74 *Property Tax Incentives for Landmarks: An Analysis*. Landmarks Preservation Council of Illinois, 1994.

Save Our City: A Case for Boston. Boston: Historic Boston Incorporated, 1992.

Arthur Frommer, "Historic Preservation and Tourism," *Preservation Forum*, Fall 1988.

#75 *Heritage Travel: South Carolina 2001, Tourism Report Series*. South Carolina Department of Parks, Recreation and Tourism, 2001.

Robert Persig, *Lila*, New York: Bantam Books, 1991.

Jim Miara, "The History Draw," *Urban Land Archives*, August 2003.

Arthur Frommer. *Prefiled testimony*. State of Vermont Environmental Board, Land Use Permit Application #6F0471-EB, 1994.

#76 Jonathan Walters, "History Is Hot! Cities and States Are Cashing In!" *Governing*, June 1988.

Jonathan Walters, "History Is Hot! Cities and States Are Cashing In!" *Governing*, June 1988.

American Express Chairman and CEO Kenneth I. Chenault. Cited in press release at http://home3.americanexpress.com/corp/philanthropy/wmf.asp.

#77 *The Economic Benefits of Historic Preservation in Colorado*. Denver: Colorado Historical Foundation, 2002.

Robert Becker, "Beauty—The South's Money Crop," *Enhancing Rural Economies through Amenity Resources*. Proceedings of a National Policy Symposium Pennsylvania State University, 1991.

Amy Jordan Webb, "Is Heritage Tourism Right for Your Community? *Main Street News*, December 1997, Vol. 138.

#78 Sandra K. Wilcoxon, *Economics of an Architectural Legacy: The Economic Impact of the Frank Lloyd Wright Home and Studio Foundation on Oak Park and Chicago*. The Frank Lloyd Wright Home and Studio Foundation, 1991.

Profiting from the Past: The Impact of Historic Preservation on the North Carolina Economy. Preservation North Carolina, 1999.

#79 *The Economic Impact of the Arts on New York City and New York State*. Alliance for the Arts, 1999.

Profiting from the Past: The Impact of Historic Preservation on the North Carolina Economy. Preservation North Carolina, 1999.

Museums Count. Washington, D.C.: The American Association of Museums, 1993.

#80 *The Economic Impact of the Arts on New York City and New York State*. Alliance for the Arts, 1999.

Pat Williams. *Quoted in Jobs, the Arts and the Economy, Findings from the NALAA's "Arts in the Local Economy,"* National Assembly of Local Arts Agencies, 1994.

"The Role of the Arts in Economic Development" National Governors Association, 2001. Quoted in Arts & Economic Prosperity: The Economic Impact of Nonprofit Arts Organizations and their Audiences. Washington, D.C: Americans for the Arts, 2002. artsusa.org/information_resources/economic_impact/

Arts & Economic Prosperity: The Economic Impact of Nonprofit Arts Organizations and their Audiences, Washington, D.C: Americans for the Arts, 2002. artsusa.org/information_resources/economic_impact/

Mary Beth Salerno. Quoted in Arts & Economic Prosperity: The Economic Impact of Nonprofit Arts Organizations and their Audiences. Washington, D.C: Americans for the Arts, 2002. artsusa.org/information_resources/economic_impact/

#81 Lauren C. Archibald, and Gregory E. Esterman, Jared Z. Mintz, Christopher R. Tilley, "Historic Preservation in the 1990s." Privately circulated study, Philadelphia, 1993.

#82 *Federal Tax Incentives for Rehabilitating Historic Buildings: Statistical Report and Analysis for Fiscal Year 2003*. Washington, D.C.: Government Printing Office, 2004.

#83 Charles K. Hoyt, "More than Preservation," *Architectural Record*, February 1994.

#84 Charles K. Hoyt, "More than Preservation," *Architectural Record*, February 1994.

#85 Charles K. Hoyt, "More than Preservation," *Architectural Record*, February 1994.

Carolyn Douthat, "Economic Incentives for Historic Preservation in Oakland, California," *Forum Journal*, Fall 1994, Vol. 9, No. 1.

#86 Philip Kotler, Donald H. Haider, and Irving Rein, *Marketing Places*. New York: The Free Press, 1993.

#87 Joseph P. Riley, Jr., "The Mayor as Urban Designer." Keynote speech to The Mayors' Institute on City Design University of Virginia, April 28, 1994.

Kent Robertson, "Enhancing Downtown's Sense of Place," *Main Street News*, September 1999, Vol. 157.

#88 Bill Naito, "Historic Buildings: A Priceless Asset," *Field Notes, Historic Preservation League of Oregon*, Fall 1992.

Kathleen Fitzpatrick Hoffelder, "Rehabs: A Solid Niche in a Shaky Market," *National Real Estate Investor*, July 1, 2003.

#89 *Shaping the City's Future*. New York City Planning Commission, 1993.

#90 *The Benefits of Cultural Resource Conservation: Commander's Guide*. Department of Defense, 1994.

Jean Arnold, "Energy Conservation in Older Homes." Cited in *Buyer's Guide to Older and Historic Houses* by Richard Wagner, Washington, D.C.: National Trust for Historic Preservation, 1994.

#91 Kennedy Smith and Amanda B. West, "Main Street 101: How to Stimulate Interest in Building Improvements," *Main Street News*, May 1998, Vol. 143.

Robert N. Dick, Bruce H. Murray, and Ayse Somersan, *Economic Effects of Storefront Improvement*, Cooperative Extension Service, University of Wisconsin-Extension, 1986.

Survey of the Economic Impact of Interior and Exterior Improvements. MainStreet New Mexico, USA. New Mexico Economic Development Department, 1994.

Brenda Spencer, *Dollars & Sense of Historic Preservation: An Analysis of the Economic Impact of Physical Improvements on Retail Sales*, Washington, D.C.: National Trust for Historic Preservation, 1998.

#92 Robert N. Dick, Bruce H. Murray, and Ayse Somersan, *Economic Effects of Storefront Improvement*, Cooperative Extension Service, University of Wisconsin-Extension, 1986.

Kathryn Welch Howe, "Private Sector Involvement in Historic Preservation," *A Richer Heritage*, Robert E. Stipe, ed., Chapel Hill: University of North Carolina Press, 2003.

#93 Scott Kirsner, "Brand Marketing: Guinness," *Fast Company*, May 2002.

Jane F. Kolleeny, "Spare Beauty Marks this Adaptation of a Historic Building," *Architectural Record*, November 2003.

#94 Michael E. Porter, *The Competitive Advantage of Nations*. New York: The Free Press, 1990.

Peter F. Drucker, *Post Capitalist Society*. New York: Harper Collins Publishers, 1993.

Alan Lung La-Lun, "Review of Built Heritage Conservation Policy." policy paper, Democratic Foundation (Hong Kong), 2004.

Bill Naito, "Historic Buildings: A Priceless Asset," *Historic Preservation League of Oregon*, Fall 1992.

#95 Richard V. Knight and Gary Gappert, eds., *Cities in a Global Society*, London: Sage Publications, 1989.

Storm Cunningham, *The Restoration Economy*. San Francisco: Berrett-Koehler Publishers, 2002.

E.V. Walter, *Placeways*. Chapel Hill: University of North Carolina Press, 1988.

#96 Leon Douglas, "Preservation and Rehabilitation—An Economic Tool for Cities," *Nation's Cities Weekly*, June 2, 1986.

Paul Sommers and Daniel Carlson with Michael Stanger, Saijun Xue, and Mika Miyasato, *Ten Steps to a High Tech Future: The New Economy in Metropolitan Seattle*. City of Seattle Office of Economic Development, December 2000. www.brook.edu/es/urban/sommers/sommersreport.pdf

#97 Jane Jacobs, *Death and Life of the Great American Cities*, New York: Vintage Books, 1961.

2003 Boma Experience Exchange Report: Income/Expense Analyses for Office Buildings. Building Owners and Managers Association International, 2003.

Kennedy Smith, "Director's Column: By the Numbers," *Main Street News*, May 1999, Vol. 153.

#98 Paul Sommers and Daniel Carlson with Michael Stanger, Saijun Xue, and Mika Miyasato, *Ten Steps to a High Tech Future: The New Economy in Metropolitan Seattle*. City of Seattle Office of Economic Development, December 2000. www.brook.edu/es/urban/sommers/sommersreport.pdf

#99 David Birch, *Job Creation in America: How Our Smallest Companies Put the Most People to Work*. New York: The Free Press, 1987.

Philip Kotler, Donald H. Haider, and Irving Rein, *Marketing Places*. New York: The Free Press, 1993.

Robert H. McNulty, "Quality of Life and Amenities as Urban Investment," *Interwoven Destinies: Cities and the Nation*, Henry G. Cisneros, ed., New York: W.H. Norton & Company, Inc., 1993.

Richard Florida, "How Creativity and Sense of Place Fuel the New Economy," *Forum Journal*, Winter 2004, Vol.18, No. 2.

#100 Edward F. Sanderson, "Economic Effects of Historic Preservation in Rhode Island," *Forum Journal*, Fall 1994, Vol.9, No. 1.

The Economic Benefits of Historic Preservation in Colorado. Denver: Colorado Historical Foundation, 2002.

Susan A. Maxman, "Historic Preservation: A Sustainable Design Strategy for the '90s," *Preservation Forum*, January/February 1994.

Illustration credits — Max van Balgooy: 84. Diane Comer: 61, 90. Valecia Crisafulli: 57. Donovan Rypkema: 2, 11, 18, 21, 24, 31, 35, 42, 45, 49, 53, 58, 60, 66, 68, 74, 75, 78, 80, 81, 95, 102. Byrd Wood: 7, 8, 33, 51, 70, 80. Bruce Yarnall: 15, 16, 41.

역사보존의 경제학

2008년 12월 1일 초판인쇄
2008년 12월 10일 초판발행

• **옮긴이** 임 종 현
• **발행인** 이 성 범
• **발행처** 문 운 당

주　　소 서울특별시 종로구 명륜동 1가 45-3
출판등록 1962년 7월 4일 제 1-139
전화번호 영업 (02)762-6010, 6981/743-3504～5
편집 (02)762-4461/ 팩스 (02)745-0265
홈페이지 http://www.munundang.co.kr
E-mail munun2@chollian.net

ISBN 978-89-7393-517-8 03900

정가 18,000원